LA NEUVAINE

DE LA

CHANDELEUR

PAR

CHARLES NODIER.

PARIS,

DUMONT, ÉDITEUR,

PALAIS-ROYAL, 88, AU SALON LITTÉRAIRE.

1840

LA NEUVAINE DE LA CHANDELEUR

ET

LYDIE.

LA NEUVAINE DE LA CHANDELEUR.

I

La vie intime de la province a un charme dont on ne conçoit aucune idée à Paris, et qui se fait surtout sentir dans les premières années de la vie. On peut aimer le séjour de Paris dans l'âge de l'activité, des passions, du besoin des émotions et des succès; mais c'est en province qu'il faut être enfant, qu'il faut être adolescent, qu'il faut goûter les sentiments d'une âme qui commence à se révéler et à se connoître. Ce n'est pas à Paris qu'on éprouvera jamais ces émotions incompréhensibles que réveillent au fond du cœur le son d'une certaine cloche, l'aspect d'un arbre, d'un buisson, le jeu d'un rayon du soleil sur la ferblanterie d'un petit toît solitaire. Ces doux mystères du souvenir n'appartiennent qu'au village. J'entendois l'autre jour une femme de beaucoup d'esprit se plaindre amèrement de n'avoir point de patrie : « Hélas ! ajouta-t-elle en soupirant, je suis née sur la paroisse Saint-Roch. »

Dieu me garde de faire un reproche à Paris de cette légère imperfection. C'est moins un vice qu'un malheur. La grande métropole de la civilisation a d'ailleurs pour se consoler tout ce qu'il est possible d'imaginer de séductions et d'amusements : l'Opéra, le bal Musard, la Bourse, l'association des gens de lettres, l'homéopathie, la phrénologie et le gouvernement représentatif. Je pense seulement que le lot de la province vaut mieux, mais je le pense avec mon esprit de tolérance accoutumé. Il ne faut pas disputer des goûts.

La réminiscence même de ces jeunes et tendres impressions qui ne se remplacent jamais, conserve encore une partie de sa puissance, même quand on s'est éloigné par infortune ou par choix des lieux où on les a reçues, et cela se remarque aisément dans les écrivains qui ont un style et une couleur. La prose de Rousseau se ressent de la majesté des Alpes et de la fraîcheur de leurs vallées. On devineroit que Bernardin de Saint-Pierre a vu le jour sur des rives toutes fleuries, et qu'il a été bercé au bruit des brises de l'Océan.

Sous le langage magnifique de Châteaubriand, il y a souvent quelque chose de calme et de champêtre, comme le murmure de son lac et le doux frémissement de ses ombrages. J'ai quelquefois pensé que Virgile ne seroit peut-être pas Virgile, s'il n'étoit né dans un hameau.

A la province elle seule, à la petite ville, aux champs, ces charmantes impressions qui deviennent un jour la gracieuse consolation des ennuis de la vieillesse, et ces pures amours qui ont toute l'innocence des premières amours de l'homme dans son paradis natal, et ces chaudes amitiés qui valent presque l'amour! Avec un cœur sensible et une imagination mobile, on rêve tous ces biens à Paris. On ne les y goûte jamais. Le Dieu qui parloit à Adam a beau vous crier : « Où es-tu? » il n'y a plus de voix dans le cœur de l'homme qui lui réponde.

En province, tous les berceaux se touchent, comme des nids placés sur les mêmes rameaux, comme des fleurs écloses sur la même tige, quand, au premier rayon du soleil, tous les gazouillements, tous les parfums se confondent. On naît sous les mêmes regards, on se développe sous les mêmes soins, on grandit ensemble, on se voit tous les jours, à tous les moments; on s'aime, on se le dit, et il n'y a point de raison pour qu'on finisse de s'aimer et de se le dire. La différence même des sexes qui nous impose ici une réserve prudente et nécessaire, mais sévère et sérieuse, n'exclut que bien tard ces intimités ingénues, ces délicieuses sympathies qui n'ont pas encore changé d'objet. Ce sont les passions qui marquent cette différence, et l'enfant n'en a point. L'abandon familier des premiers rapports de la vie se prolonge sans danger jusques au-delà de cet âge où le moindre abandon devient dangereux, où la moindre familiarité devient suspecte entre les jeunes filles et les jeunes garçons des grandes villes. Les affections les plus ardentes continuent à se ressentir de la tendresse du frère et de la sœur, et celle-ci est mêlée de trop d'égards et de pudeur pour que les mœurs aient rien à en redouter. Bien plus, l'adolescent qui commence à deviner le secret de ses sens exerce encore une espèce de tutelle sur cette foible enfant qu'il aime, et que la nature et l'amour semblent confier à sa garde. Plus il apprend dans la funeste science des passions, plus il se rend attentif à protéger la douce et timide créature dans laquelle il met son bonheur ou ses espérances. Il ne se contente pas de la défendre contre des inspirations étrangères; il la défend contre lui-même dans l'intérêt d'un avenir qui leur sera commun. Il la respecte, il la craint.

Et combien de voluptés impossibles à décrire cet amour délicat d'une âme qui vient de se connoître, ne laisse-t-il pas à désirer à l'âge qui le suit? Oh! le premier signe de la préférence de cet ange de la pensée, le premier regard expressif que la petite amie adresse à son ami entre les deux battants d'une porte qui se ferme, la première articulation de sa voix pénétrante, qui s'est émue, qui s'est attendrie en passant entre ses lèvres, la première impression d'une main livrée à la main qui l'a saisie, la tiède moiteur de son toucher, le frais parfum de son haleine!... et bien moins que cela! une fleur tombée de ses cheveux, une épingle tombée de son corset, le bruit, le seul bruit de la robe dont elle vous effleure en courant, c'est cela qui est l'amour, c'est cela qui est le bonheur! Je sais le reste, ou à peu près; mais c'est cela que je voudrois recommencer, si on recommençoit.

On ne recommence plus; mais se souvenir, c'est presque recommencer.

On goûte à Paris les doux loisirs de l'enfance; on y connoît la valeur de ses jeux; on y jouit de ces délicieuses soirées de rien faire qui suivent les jours laborieux de l'étude ; mais ce n'est qu'en province qu'une heureuse habitude prolonge ces innocens plaisirs, sous l'œil attentif des mères, jusque dans l'ardente saison de l'adolescence. On est homme déjà par la pensée, qu'on est encore enfant par les goûts; on commence à éprouver d'étranges et turbulentes émotions, qu'on subit toujours, à certaines heures d'oubli, des sentimens pleins de grâce et de naïveté. On se demande quelquefois ce qu'il y a de vrai entre le passé que l'on quitte et l'avenir que l'on commence; mais on devine, en y plongeant un regard inquiet, que l'avenir ne vaudra pas le passé. Il se trouve même des esprits simples et tendres qui seroient volontiers tentés de ne pas aller plus loin, et qui sacrifieroient sans hésiter les voluptés incertaines du lendemain aux pures jouissances de la veille. A dix-huit ans, j'aurois fait ce marché bizarre avec l'ange familier qui préside aux changeantes destinées de l'homme, s'il s'étoit communiqué à mes prières; et nous y aurions gagné tous les deux, car imagine que mon émancipation insensée pourroit bien lui avoir donné quelque chagrin.

Le 24 janvier 1802, je n'en étois pas encore là. J'aimois ces belles jeunes filles parmi lesquelles je passois les heures les plus douces de la journée, de toute la force d'un cœur accoutumé à les aimer, mais sans fièvre, sans inquiétude et presque sans préférence. Je me trouvois bien parmi elles; je me trouvois mieux tout seul, parce que mon imagination commençoit à se former, dans la solitude, un type qui ne ressembloit à aucune femme, et auquel une seule femme devoit complètement ressembler, quoique j'aie cru le retrouver cent fois. C'étoit mon rêve chéri, et, dans le vague immense où il m'étoit apparu, il me donnoit une idée plus distincte du bonheur que toutes les réalités de la vie. Cependant je ne faisois que l'entrevoir à travers mille formes douteuses; mais je le cherchois toujours, et le délicieux fantôme ne manquoit jamais à mes rêveries. Tantôt il venoit me tirer de ma mélancolie en frappant mon oreille de rires malins, et en balançant sur mon front les noirs anneaux de sa chevelure; tantôt il s'appuyoit sur le pied de ma couche d'écolier, en me regardant d'un œil triste, et en cachant sous une touffe de cheveux blonds une larme prête à couler; et mon cœur gonflé s'élançoit vers lui avec des battemens à me rompre la poitrine; car je savois que toute ma félicité consistoit dans la possession de cette image insaisissable qui me refusoit jusqu'à son nom.

Le 24 janvier 1802, nous étions donc réunis, comme à l'ordinaire, avant l'heure du souper, car on soupoit encore, et nous causions en tumulte autour de nos mères, qui causoient plus gravement de matières non moins frivoles : notre conversation rouloit sur le choix d'un jeu, question fort indifférente au fond, l'intérêt d'un jeu reposant tout entier dans *la pénitence;* et qui ne sait que *la pénitence* est l'accomplissement du devoir qui rachète un *gage?* C'est le moment des aveux, des reproches, des secrets dits à l'oreille, et surtout des baisers. C'est le moment de la soirée pour lequel on vit tout le jour, et celui de tous les moments de la vie qui laisse le moins d'amertume après lui, parce que les sentiments auxquels on commence à s'exercer ne sont pas encore pris au sérieux; quand on est sorti de là une fois avec une de ces idées orageuses qui tourmentent le cœur, c'est qu'on en est sorti pour la dernière fois; le plaisir n'y est plus.

— Nous ne serions pas si embarrassés dit la brune Thérèse, si Claire étoit arrivée. Claire connoît tous les jeux qu'on a inventés, et quand par hasard elle ne s'en rappelle aucun, elle en invente un sur-le-champ.

— Elle a bien assez d'imagination pour cela, remarqua Emilie en se mordant les lèvres et en baissant les yeux pour se donner l'air de circonspection dont elle accompagnoit toujours une petite médisance. On craint même qu'elle n'en ait trop, et j'ai entendu dire qu'elle donnoit de temps en temps des marques de folie. Ce seroit un grand malheur pour sa famille et pour ses amies.

— Claire ne viendra pas, s'écria Marianne d'un ton de voix pétulant qui annonçoit qu'elle ne répondoit qu'à sa propre pensée, et qu'elle n'avoit pas entendu l'observation désobligeante d'Emilie : Elle ne viendra pas, j'en suis sûre ! elle commence aujourd'hui la neuvaine de la Chandeleur.

— La neuvaine de la Chandeleur ! dis-je à mon tour; et à quel propos? je ne la savois pas si dévote.

— Ce n'est pas par dévotion, reprit Émilie avec une gravité méprisante ; c'est par superstition, ou par ostentation.

J'avois oublié de dire qu'Émilie étoit

philosophe. Tout le monde se mêloit alors de philosophie, jusqu'aux petites filles.

— Par superstition, répéta Marianne qui ne saisissoit jamais qu'un mot de la conversation la mieux suivie. Par superstition, en effet; la superstition la plus capricieuse, la plus bizarre, la plus extraordinaire, la plus extravagante...

— Mais encore? interrompis-je en riant. Tu excites notre curiosité sans la satisfaire.

— Bon, répondit Marianne en me regardant avec une expression marquée d'ironie! cela est trop stupide pour un savant de votre espèce! Quant à ces demoiselles, elles n'ignorent pas, j'imagine, que la neuvaine de la Chandeleur est une dévotion particulière des jeunes personnes du peuple, qui a pour objet... Comment dirai-je cela?

— Qui a pour objet?.... murmurèrent une douzaine de petites voix pendant que douze jolies têtes se penchoient vers Marianne.

— Qui a pour objet, reprit Marianne, de connoître d'avance le mari qu'elles auront.

— Le mari qu'elles auront! répétèrent encore les douze voix sur le mode varié d'inflexions que devoient leur fournir douze organisations différentes. Et quel rapport le mari qu'on aura peut-il avoir avec un acte de dévotion comme la neuvaine de la Chandeleur?

— Voilà la question, pensai-je tout bas, et je voudrois bien le savoir; mais si Marianne le sait, elle le dira.

—Vous sentez bien que je ne le crois pas, continua-t-elle, et si je le croyois, je ne m'en soucierois pas davantage. Que m'importe, à moi, le mari que j'aurai, pourvu qu'il soit honnête homme, qu'il soit aristocrate et qu'il soit riche? Mes parens ne m'en donneront pas un autre. Beau ou laid, jeune ou vieux, aimable ou bourru d'ailleurs, il ne pourra pas se dispenser de me conduire dans les sociétés, dans les bals, dans les spectacles, et de fournir, selon ma fortune, aux dépenses de ma toilette. Le mariage, c'est cela, j'imagine? Et puis, je ne m'en inquiète pas de si loin.

— Ni moi non plus, dit Thérèse en rapprochant sa chaise de celle de Marianne. Mais le moyen?

L'impatience étoit à son comble, et celle de Marianne ne le cédoit pas à la nôtre, car elle prenoit plus de plaisir à parler vite et long-temps que personne au monde n'en prit jamais à écouter. Elle promena donc sur cet auditoire empressé un regard de satisfaction, qu'elle cherchoit à rendre modeste, et elle reprit la parole en ces termes :

— Vous saurez, dit-elle, qu'il n'y a point de dévotion plus agréable à la sainte Vierge que la neuvaine de la Chandeleur, et c'est pour cela qu'on s'est persuadé qu'elle récompensoit par une faveur singulière les personnes qui lui rendoient cet hommage. Quant à moi, je ne le crois pas, et je ne le croirai jamais; mais Claire le croit fermement, parce qu'elle croit tout ce qu'on veut. Elle est si bonne ! Seulement il y a beaucoup de cérémonies et de façons à cette expérience, et j'ai peur de m'embrouiller, si Émilie ne m'aide un peu. Elle étoit près de nous le jour où Claire m'en a parlé.

— Moi? repartit dédaigneusement Émilie. Je ne me mêle pas de vos conversations.

— Je ne dis pas que tu t'en mêles, poursuivit Marianne, mais tu les écoutes. — Il faut donc, ajouta-t-elle après avoir un peu rongé ses jolis doigts, commencer la neuvaine ce soir, à la prière de huit heures, dans la chapelle de la sainte Vierge. Il faut ensuite y entendre la première messe tous les jours, et y retourner à la prière tous les soirs jusqu'au 1er février, avec une piété qui ne se soit pas ralentie, avec une foi qui ne se soit pas ébranlée. C'est terriblement difficile. Et puis, le 1ᵉʳ février, c'est bien autre chose, vraiment. Il faut entendre toutes les messes de la chapelle, depuis la première jusqu'à la dernière; il faut entendre toutes les prières et toutes les instructions du soir sans en manquer une seule. Attendez, attendez! j'allois oublier qu'il faut aussi s'être confessée ce jour là, et que si, par malheur, on n'avoit pas reçu l'absolution, tout le reste seroit peine perdue, car la condition essentielle du succès est de rentrer dans sa chambre en état de grâce. Alors...

— Alors on y trouve un mari ! s'écria Thérèse.

— Tu es bien pressée, répliqua froidement Marianne. Je n'en suis pas encore à la moitié de mes instructions.

— Alors on recommence à prier; on s'enferme pour accomplir toutes les conditions d'une retraite sévère; on jeûne, et cependant on dispose tout pour un banquet, mais pour un banquet, à dire vrai, auquel la gourmandise n'a aucune part. La table doit être dressée pour deux personnes, et garnie de deux services complets, aux couteaux près, qu'il faut éviter avec grand soin. Ceci mérite une extrême attention, car il y a des exemples affreux des malheurs auxquels on s'expose en oubliant cette règle. Je vous les raconterai, si vous voulez, tout-à-l'heure. Je n'ai pas besoin de vous dire que ce couvert exige un linge parfaitement blanc, aussi propre, aussi fin, aussi neuf qu'on puisse se le procurer, et que le bon ordre et le bon goût du petit appartement ne sauroient trop répondre à la bonne mine du festin, car ce sont des choses qu'on a coutume d'observer quand on reçoit une personne de considération...

— Tu nous parles banquets et festins, interrompit une des jeunes filles, et je n'ai pas encore vu le moindre préparatif de cuisine.

— Je ne peux pas tout dire à la fois, reprit Marianne. Je vous ai prévenues que le repas seroit fort simple. il se compose de deux morceaux de pain bénit qu'on a rapportés du dernier office, et de deux doigts de vin pur répartis entre les deux couverts, qui occupent, comme de raison, les deux côtés de la table. Seulement, le milieu du service est garni d'un plat de porcelaine ou d'argent, s'il est possible.

— Nous y voilà donc enfin! dit la petite fille.

— Et qui renferme, continua Marianne, deux brins soigneusement bénits de myrte, de romarin ou de toute autre plante verte, le buis excepté, placés l'un à côté de l'autre, et non en croix. C'est encore un point qu'il est très essentiel d'observer.

— Ensuite? demanda Thérèse.

Et le cercle tout entier répéta sa question comme un écho.

— Ensuite, répondit Marianne, on rouvre sa porte pour faire passage au convive attendu, on prend place à table, on se recommande bien dévotement à la sainte Vierge, et on s'endort en attendant les effets de sa protection, qui ne manquent jamais de se manifester, suivant la personne qui les implore. Alors commencent d'étranges et admirables visions. Celles pour qui le Seigneur a préparé sur la terre quelque sympathie inconnue, voient apparoître l'homme qui les aimera, s'il les trouve, qui les auroit aimées, du moins, s'il les avoit trouvées; le mari que l'on aurait, si des circonstances favorables le rapprochoient de nous; et heureuses celles qui le rencontrent! Ce qu'il y a de rassurant, c'est qu'on prétend qu'un privilège particulier de la neuvaine est de procurer le même rêve au jeune homme dont on rêve, et de lui inspirer la même impatience de se rejoindre à cette moitié de lui-même qu'un songe lui a fait connoître. C'est là le beau côté de l'expérience. Mais malheur aux jeunes filles curieuses dont le ciel ne s'est pas occupé dans la distribution des maris, car elles sont tourmentées par des pronostics effrayans. Les unes, destinées au couvent, voyent, dit-on, défiler lentement une longue procession de religieuses, chantant les hymnes de l'Eglise; les autres, que la mort doit frapper avant le temps, et cela glace le sang dans les veines, assistent vivantes à leurs propres funérailles. Elles se réveillent en sursaut à la clarté des torches funèbres et au bruit des sanglots de leur mère et de leurs amies, qui pleurent sur un cercueil drapé de blanc.

— Je prends Dieu à témoin, dit Thérèse en se retirant un peu, que je ne m'exposerai jamais à de pareilles terreurs. On tremble seulement d'y penser.

— Tu pourrois cependant t'y exposer sans crainte, répliqua Emilie. Je suis caution que tu dormirois jusqu'au matin d'un bon sommeil, et qu'il faudroit t'éveiller, comme à l'ordinaire, pour prendre ta leçon d'italien.

— C'est mon avis, reprit Marianne, et je serois bien étonnée si ce n'étoit pas aussi celui de Maxime, qui paroît abîmé dans ses réflexions, comme s'il cherchoit à expliquer un passage difficile de quelqu'auteur grec ou latin.

— Je ne sais, répondis-je en revenant à moi, et vous me permettrez de ne pas me prononcer si vite sur une croyance appuyée du témoignage du peuple, qui se fonde presque toujours lui-même sur l'expérience. La question vaut bien, selon moi, la peine d'être étudiée : mais, pardonne, chère Marianne, continuai-je en lui adressant la parole, si les détails que tu viens de nous donner avec ta grâce accoutumée, ont laissé quelque chose à désirer à mon esprit? Tu n'as mis en scène, dans ton récit, qu'une jeune fille inquiète de son avenir ; et tu conviendras sans peine que le même doute peut tourmenter l'imagination d'un jeune homme. Penses-tu que la neuvaine de la Chandeleur ne produise son effet que pour les femmes, et que la sainte Vierge n'accorde pas les mêmes grâces aux prières des garçons?

— Nullement, s'écria Marianne, et je te demande pardon de ma distraction. La neuvaine de la Chandeleur, accomplie dans ce dessein, a la même efficacité pour toutes les personnes à marier, et le sexe n'y fait rien. Aurois-tu l'envie étrange de t'en assurer?...

— Vràiment, dit Emilie, en relevant de côté ses lèvres pincées, il feroit beau voir un jeune homme raisonnable, qui recherche la société des gens éclairés, et dont le père étoit l'ami de M. de Voltaire, donner, comme Claire, comme un enfant honnête, mais sans instruction, dans ces honteuses folies !

Je ne répliquai pas, et je n'aurois pas eu beau jeu contre Emilie, qui n'avoit pas lu Voltaire, mais qui le citoit avec d'autant plus d'autorité que personne entre nous ne l'avoit lu. Je me levai doucement, sous l'apparence de quelque préoccupation subite ; je me glissai peu à peu derrière le banc des mères, je m'emparai de mon chapeau, et je courus à la chapelle de la sainte Vierge pour y commencer la neuvaine de la Chandeleur.

Je n'étois pas fort dévot; je ne pouvois l'être ni par habitude d'imitation, ni par l'effet d'une conviction raisonnée; mais je trouvois la religion belle, je la croyois bonne, je respectois ses pratiques sans les suivre, j'admirois ses dévouemens sans les imiter; j'avois la foi du sentiment, qui est peut-être la plus sûre, et je professois dès-lors une haine instinctive contre cet esprit d'examen qui a tout détruit, ou qui détruira infailliblement tout ce qu'il n'a pas détruit encore. Je ne connoissois, en vérité, aucune objection plausible contre la neuvaine de la Chandeleur.

— Pourquoi cela ne seroit-il pas ainsi ? me demandai-je à moi-même, quand j'eus fait quelques pas vers l'église. La nature a vingt mystères plus merveilleux que celui-là, et qu'il n'est jamais arrivé à personne de mettre en doute. Des corps grossiers, et insensibles en apparence, ont entre eux des affinités qui les appellent les uns vers les autres à travers un espace incalculable ; l'aiguille aimantée, consultée sous l'équateur, sait de là reconnoître le pôle ; un papillon qui vient d'éclore, vole, sans se tromper, à sa femelle inconnue ; le pollen du palmier se livre aux vents du désert, et va féconder sur leurs ailes une fleur solitaire qui l'attend. A l'homme seul, si privilégié, d'ailleurs, entre tous les êtres créés, il seroit interdit de pressentir sa destinée, et de se joindre à cette partie essentielle de lui-même que Dieu a mise en réserve pour lui dans les trésors de sa Providence ! Ce seroit calomnier la puissance et la bonté du Père commun, que de croire à cet oubli. Mais, si l'homme avoit perdu cet avantage par une faute dont l'expiation est imposée à toute sa race, repris-je avec inquiétude !.....* — Eh bien, l'intercession de Marie, implorée avec confiance, ne suffit-elle pas à le relever de sa condamnation? A qui appartient-il mieux qu'à la pure et douce Marie de protéger les chastes amours et les penchans vertueux! N'est-ce pas là sa plus belle mission dans le ciel? O! si le mythe merveilleux qui est caché sous cette croyance du peuple n'est pas vrai, comme je le crois vrai, il faut convenir qu'il devroit l'être!

Les esprits froids qui ne comprennent pas le charme de la dévotion pratique, m'ont toujours beaucoup étonné; le dédain des œuvres pieuses me paroît encore plus incompréhensible dans ces âmes vives et passionnées pour lesquelles la vie positive n'a pas de sensations assez fortes, et qui sont obligées d'en demander incessamment de nouvelles à l'imagination et au sentiment. Que sont, grand Dieu ! les hypothèses de la philosophie et des sciences, le prestige des arts et les inventions de la poésie, auprès de cette poésie du cœur qui s'éveille aux inspirations de la religion, et qui transporte la pensée dans une région d'idées sublimes où tout est prodige, et où, cependant, tout est vérité ? Il faut croire, sans doute ; mais ce qu'il faut croire, est mille fois plus probable, mille fois plus facile à croire, s'il est permis de comparer des choses si étrangères, que tout ce qu'il est nécessaire de croire dans les rapports communs de la vie sociale, pour la supporter sans amertume et sans dégoût. Examinons au bout de quelques années les sensations dont nous avons joui avec le plus d'ivresse, et nous n'en trouverons peut-être pas une qui ne soit une erreur et un mensonge ; les illusions que nous avons goûtées, tout en les prenant pour des illusions, n'étoient pas plus fausses, hélas ! que celles que nous avons prises pour des réalités. Et nous dédaignons la religion, si féconde en joies ineffables, en consolations, en espérances, la religion qui seroit encore le bonheur le plus pur et le plus complet de l'humanité, si elle n'étoit qu'une illusion ! celle-là au moins n'auroit pas les angoisses du désabusement et du regret. On n'en est pas détrompé sur la terre !

J'avois donc rempli, avec une joie nouvelle pour moi, toutes les obligations de la neuvaine ; et comme si l'habitude de ces exercices avoit élevé ma raison elle-même à une hauteur qu'elle n'avoit jamais pu atteindre auparavant, je me faisois quelque reproche de m'y être livré dans le seul objet de satisfaire à une curiosité puérile. C'étoit,

en effet, ma confiance aveugle pour de
misérables contes d'enfans qui m'avoit
inspiré tant d'actes de soumission et de
foi dont une piété plus sincère et plus
désintéressée se seroit fait un devoir,
et dont j'osois attendre la récompense,
comme si je ne l'avois pas trouvée dans
la satisfaction de mon propre cœur. Ce
remords me saisit surtout au moment
où, mes préparatifs achevés et ma porte
ouverte à l'apparition prochaine, je me
disposois à proférer ma dernière prière.
Il est probable que j'y exprimai plus
de regrets que de vœux, et je ne sais
si cette réparation fut agréée, mais je
pus du moins m'en flatter, à la douce

sérénité qui rentra dans mes sens et qui calma en un moment toutes les agitations de mon esprit; j'eus à peine regagné mon fauteuil, que j'y fus surpris du sommeil le plus profond.

Je ne sais combien il dura, ni comment s'éclaircirent les ténèbres dans lesquelles il m'avoit plongé; mais il me sembla tout-à-coup que j'avois cessé de dormir; ma chambre reprit son aspect accoutumé, à la lueur vacillante de mes bougies. Je discernai tous les objets, j'entendis tous les bruits, ces bruits faibles, indéterminés, sans origine sensible, qui semblent ne s'élever un moment que pour rassurer l'âme contre l'envahissement du silence éternel. Le parquet extérieur ne crioit pas, mais il rendoit un petit murmure, comme s'il avoit été caressé d'une touffe de plumes ou d'un bouquet de fleurs. Je tournai les yeux vers ma porte, et j'y vis une femme; je voulus m'élancer pour aller la recevoir, et une puissance invincible me retint à ma place. J'essayai de parler, et les paroles restèrent clouées à ma langue. Ma raison ne se perdit pas dans ce mystère; elle comprit que c'étoit un mystère, et que les prières de ma neuvaine étoient exaucées.

L'inconnue s'approcha lentement, sans

m'apercevoir peut-être, comme si elle avoit obéi à une sorte d'instinct, d'impulsion irrésistible. Elle arriva au fauteuil que je lui avois préparé, s'assit, et resta ainsi exposée à ma curiosité dont rien ne réprimoit l'impatience, car elle avoit toujours les yeux baissés. J'attachai sur elle des regards enhardis par son immobilité, par son silence. Je ne l'avois certainement jamais vue, et j'éprouvai cependant, au milieu de la conscience vague d'un songe, la conviction que cette existence, étrangère à tous mes souvenirs, n'en étoit pas moins réelle et vivante. L'imagination même de mon âme, épurée par le recueillement et par la prière, ne devoit rien produire qui approchât de ce rêve. Il appartenoit à un ordre d'inspirations auquel l'homme ne sauroit s'élever de lui-même, et que cette science délicate et choisie de la sensation qu'on appelle aujourd'hui l'esthétique, est incapable de contrefaire. Ma métaphysique d'écolier philosophe veilloit encore dans mon sommeil, mais elle s'humilioit devant l'œuvre de la puissance de Dieu. Je comprenois qu'une création aussi pure et aussi parfaite ne pouvoit pas être mon ouvrage.

Je ne parlerai pas de la beauté de cette jeune fille; on ne fait pas de portraits avec des mots; j'ai douté quelquefois qu'on pût en faire avec des traits et avec des couleurs. Il y a dans l'ensemble de toutes les formes d'un être animé je ne sais quel jeu de passion et de vie qui ne se reproduit guère mieux sous le pinceau que sous la plume, et, ce qui n'est pas moins sûr, c'est que la signification de cet ensemble n'est pas également intelligible pour tout le monde. Chacun la lit selon son aptitude à en démêler les caractères, à en pénétrer le sens, à s'en approprier l'esprit. Quand elle est montée au ton d'une parfaite harmonie avec l'intelligence et la sensibilité de celui qui regarde, elle se sent mille fois mieux qu'elle ne s'analyse, et l'effet en est trop saisissant, trop simultané, pour laisser la moindre place à l'observation des détails. J'imagine qu'il faut être déjà un peu blasé sur les impressions de l'amour pour s'arrêter à l'effet piquant d'un pli de la lèvre ou du sourcil, d'une dent qui se soulève presque imperceptiblement sur son clavier d'émail, d'une petite boucle de cheveux rebelles, échappée à l'arrangement de la coiffure. Les sympathies puissantes qui décident de la vie tout entière procèdent d'une manière plus soudaine, et on se rappelle que l'apparition de la Chandeleur ne s'accomplit qu'en raison d'une sympathie complète et absolue entre les personnes qu'elle met en rapport. Je ne me demandai pas pourquoi j'aimois cette femme, je ne me demandai pas même si je l'aimois; je sus que je l'aimois; je me dis ce que dut se dire Adam quand Dieu combla le bienfait de la création en lui donnant une épouse : J'achève d'être; je suis!

L'étrangère paroissoit habillée, comme moi, pour un festin de fiançailles; mais ses vêtements n'étoient pas familiers aux nouvelles mariées de ma province. Ils me rappeloient ceux que j'avois remarqués plusieurs fois, en pareille circonstance, dans une ville peu éloignée que l'invasion de nos armes et de nos doctrines venoit d'attacher à la République. C'étoit le costume piquant et gracieux de Montbéliard, que la société la plus élevée du pays conservoit encore par tradition dans certaines cérémonies solennelles, et qui est probablement abandonné aujourd'hui par le peuple lui-même. Elle avoit déposé à côté d'elle, sur la table, un de ces petits sacs à mailles d'acier poli dans lesquels les jeunes femmes renfermoient alors ces légers chiffons qu'il leur plaisoit d'appeler leur ouvrage, et je n'avois pas tardé à m'apercevoir que sa plaque était décorée de deux lettres relevées en clouterie d'acier, qui devoient être les initiales des deux noms de ma future, mais j'aurois mieux aimé les apprendre tout entiers de sa bouche. Malheureusement, le charme qui m'avoit interdit la parole n'était pas rompu, et toutes les facultés, toutes les puissances de mon âme avoient passé dans mes yeux, car ils venoient de rencontrer les siens. La fascination de ce regard céleste auroit suffi d'ailleurs pour me rendre muet. Je concevais à peine la possibilité d'en supporter l'expression sans mourir, et je ne devais sans doute la force de résister à une émotion si vive qu'au privilége de la neuvaine, dont mon esprit n'oublioit point le mystère. C'est que jamais le feu d'une tendresse innocente n'anima des yeux plus doux et ne révéla mieux ces secrets ineffables du pur amour, pour lesquels aucune voix humaine ne sauroit trouver de paroles. Cependant un nuage étrange obscurcit tout à coup ses paupières. Il sembla qu'une notion confuse de l'avenir qui venoit d'éclore dans sa pensée s'y manifestoit peu à peu sous une forme plus sensible, et l'accabloit d'une horrible certitude. Son sein palpita, ses cils s'humectèrent de quelques pleurs qu'elle cherchoit à retenir, elle repoussa doucement de la main le pain et le vin que j'avois placés devant elle, se saisit avec ardeur d'un des brins de myrte bénit, et le fit passer sous un des nœuds de son bouquet. Ensuite elle se leva et reprit le chemin par où elle étoit venue. Je triomphai alors de l'horrible contrainte qui m'enchaînoit à ma place, et je m'élançai sur ses pas pour en obtenir un mot de consolation et d'espérance. — Oh! qui que vous soyez, m'écriai-je, ne m'abandonnez pas à l'horrible regret de vous avoir vue et de ne pouvoir vous retrouver! Songez que mon avenir dépend de vous, et ne faites pas un malheur éternel du plus doux moment de ma vie! Apprenez-moi du moins si je pourrai presser une fois encore cette main que je couvre de larmes, si je pourrai vous voir encore une fois!...

— Une fois encore, répondit-elle, ou jamais!... Jamais! répéta-t-elle avec un cri douloureux.

En parlant ainsi, elle s'échappa. Je sentis mes forces me manquer et mes jambes défaillir. Je cherchai un point d'appui; je m'y fixai, je m'y abandonnai sans résistance. Le plus obscur des voiles du sommeil avoit remplacé sur mes yeux le voile transparent des songes. Je ne fus réveillé qu'au grand jour, par les éclats de rire d'un domestique qui enlevoit les apprêts de ma collation nocturne, et qui attribuoit cet appareil à des fantaisies de somnambule, auxquelles j'étois en effet sujet. Je ne m'en défendis pas, mais j'oubliai de m'assurer, dans mon trouble et dans ma confusion, si les deux brins de myrte avoient été retrouvés : c'était la seule circonstance qui pût donner à mon rêve une espèce de réalité positive, ou la lui faire perdre. Dans le doute, un esprit plus grave que le mien se seroit abstenu; il auroit regardé l'étrange illusion de la nuit précédente comme l'effet d'une longue préoccupation, de l'imagination, du jeûne, et on est libre de croire que ce n'étoit pas autre chose. Mais un amoureux de vingt ans, qui aime pour la première fois, n'est pas capable de tant de raisonnemens. Et j'aimois de toute la puissance de mon cœur, avec ivresse, avec frénésie, cette jeune fille inconnue, qui peut-être n'existoit pas !

Je n'étois pas d'un caractère qui se déprît facilement des idées dont il s'étoit fortement occupé une fois. Celle-là devint mon idée fixe, l'unique pensée de ma vie, le seul but de ma destinée. J'abandonnai tout-à-fait ce monde innocent et doux dans lequel s'étoient renfermés jusque-là mes habitudes et mes plaisirs ; je cherchai la solitude, parce que la solitude étoit la seule manière d'être où je pusse m'entretenir librement avec moi-même de mes vœux et de mes espérances. A quelle docile amitié, à quelle crédulité complaisante aurois-je osé les confier? Il me semblait, dans mon délire, qu'une circonstance prochaine, presque aussi imprévue que celle qui m'avoit montré ma fiancée inimaginaire, ne tarderoit pas à la ramener sous mes yeux; je l'attendois, je croyois la rencontrer dans toutes les femmes inconnues que le hasard me faisoit apercevoir de loin, et partout elle m'échappoit comme dans le rêve où je l'avois vue. Cette succession perpétuelle d'illusions et de désabusemens finit par prendre un ascendant funeste sur mon esprit; elle étoit devenue une manie assidue, invincible, inexorable. Ma raison et ma santé cédèrent à la fois, et la médecine, vainement appelée à mon lit de douleur, renonça en peu de jours à l'espoir de me guérir. La médecine ne pouvait deviner la cause de mon mal, et une juste pudeur m'empêchoit de l'avouer.

Je n'avois cependant négligé aucun moyen de découvrir ma mystérieuse amie. Les initiales du sac en filet d'acier n'étoient pas sorties de ma mémoire, et je les avois fait connoître, sous la réserve d'un profond secret, à un de mes jeunes camarades d'études qui habitoit Montbéliard, en y joignant le portrait le plus circonstancié de la jeune fille dont elles devoient exprimer le nom. La description ne pouvoit pas manquer de ressemblance : les traits, hélas ! en étoient trop profondément empreints dans mon cœur, où je sens qu'ils vivent encore. Quant au danger de l'exagération, rien n'étoit moins à craindre : quelle expression, quel langage paroîtroit exagéré à ceux qui l'auroient vue ?

La réponse avoit tardé long-temps. Elle vint tout à coup ranimer mon cœur dans un de ces momens d'angoisse extrême où mes forces épuisées ne sembloient plus capables de lutter avec la mort. L'être idéal que j'avois rêvé dans la nuit de la Chandeleur existoit réellement; la ressemblance étoit parfaite. On avoit reconnu la personne que je désignois avec tant de soin, à tous les traits de ce signalement fidèle, et même à un petit signe empreint derrière le cou, qu'elle m'avoit laissé apercevoir dans sa fuite. Elle s'appeloit Cécile Savernier, et ces noms commençoient par les deux lettres que je me souvenois si bien d'avoir lues sur le sac en mailles d'acier. Elle habitoit ordinairement, seule avec son père, une maison située à quelque distance de la ville, et c'étoit cette particularité qui avoit rendu les informations plus difficiles et plus lentes. Depuis quelque temps ils étoient rentrés à Montbéliard, où les grâces et la beauté de Cécile faisoient l'objet de toutes les conversations. Mon officieux condisciple, qui regardoit ces renseignemens comme les préliminaires d'une demande en mariage dans laquelle j'avois consenti à servir d'intermédiaire, se croyoit obligé d'insister sur les qualités incomparables de mademoiselle Savernier; mais il finissoit par ajouter, non sans exprimer quelque regret, qu'elle avoit peu de fortune. Cette circonstance ne me fut pas moins agréable que les autres ; car ma fortune ne me permettoit pas d'aspirer à un mariage opulent, et il n'y avoit d'ailleurs rien de plus éloigné de ma manière de comprendre le mariage.

Je n'avois plus rêvé. Mon illusion prenoit un corps, ma chimère devenoit une réalité. C'étoit Cécile Savernier que j'aimois, et Cécile n'étoit plus l'enfant capricieux de mes songes. Elle existoit à quelques lieues de moi ; je pouvois, je devois la trouver, et passer près d'elle, avec elle, une vie tout entière, douce comme la première pensée de l'amour. Ma langueur disparut avec mes inquiétudes; ma santé se raffermit; il ne me resta de mon mal qu'un peu de trouble et de faiblesse, et mon père consolé, plus heureux de jour en jour, se réjouit enfin de l'espoir assuré de ma guérison. Un jour qu'il pressoit ma main avec tendresse, appuyé sur le lit que je n'avois pas encore quitté, « Dieu soit loué ! me dit-il, tu as su triompher de ta douleur, et tu me rendras mon fils ! je t'en remercie.

— Ma douleur, répondis-je en me rapprochant de lui pour l'embrasser, croyez-vous en avoir le secret?...

— Oh! reprit-il en souriant, tous les chagrins de ton âge viennent de l'amour, je les ai connus comme toi. Je vois aujourd'hui d'assez loin ceux qui ont tourmenté ma jeunesse pour n'y penser qu'avec dédain; mais je sais qu'ils peuvent être mortels. Aussi n'aurois-je pas hésité à voler au-devant de tes vœux s'ils avoient pu être remplis. Je te félicite d'avoir pris ton parti contre un malheur inévitable que l'avenir ne tardera pas à réparer, et que tu compteras gaiement un jour parmi les folles déceptions d'une imagination de dix-huit ans. Promets-moi seulement de me mettre le premier dans ta confidence, quand un nouveau sentiment surprendra ton cœur. Nous en parlerons sérieusement ensemble, comme deux amis, dont l'un a sur l'autre l'avantage de l'expérience, et je m'engage, si tu persistes, à ne rien épargner pour te rendre heureux! Dis-moi sincèrement, cher enfant, si cet arrangement te convient.

Je saisis la main de mon père, et je la portai à mes lèvres.

— Vous êtes le meilleur des pères, répliquai-je, et votre fils ne l'a pas oublié un moment; mais êtes-vous bien sûr de ne pas vous tromper sur la cause de ma maladie? Je ne comprendrois pas que vous l'eussiez devinée !...

— Cela n'étoit pas si difficile que tu te l'imagines, dit mon père avec un nouveau sourire. C'étoit l'amour, et tes regards ou ton silence me l'ont dix fois avoué. Il ne s'agissoit plus que d'en chercher l'objet parmi les jeunes filles qui font partie de notre société habituelle. Ce n'étoit pas Thérèse ; elle est trop légère et d'un esprit trop superficiel pour t'occuper. Ce n'étoit pas Marianne dont le babillage t'amuse, mais qui n'a ni solidité dans l'esprit, ni tendresse réfléchie dans l'âme, et qui n'est bonne que par instinct. Ce n'étoit pas Émilie, qui est froide, pincée, raisonneuse, et qui a appris à lire dans le baron d'Holbach. Ce ne pouvoit être que ta cousine Claire, qui est jolie, qui est simple, qui est modeste, et dont l'exaltation naïve s'accorde assez bien avec le tour de ton esprit. Crois-tu que je m'entende si mal à deviner?

— Claire! m'écriai-je dans une sorte d'élan qui put tromper mon père, car il étoit bien loin d'en connoître le sujet!....

C'étoit précisément cette jeune fille qui avoit fait la neuvaine de la *Chandeleur* en même temps que moi, et dont l'exemple m'avoit suggéré cette idée.

— En vérité, continai-je après un

moment de réflexion, vous avez eu raison de supposer que je préférois Claire à toutes les autres. J'aime Claire comme amie, comme parente, comme une personne excellente qui sera, j'espère, une digne femme et une digne mère; mais je n'ai jamais pensé à la faire ma femme et la mère de mes enfans!... Croyez, je vous prie, à la sincérité de mes paroles!...

Mon père me regarda d'un air étonné.

— Je n'ai aucune raison pour en douter, me dit-il, mais ta réponse a trompé mes conjectures. Ce n'est donc pas le mariage de Claire qui t'a réduit à cet état de mélancolie auquel je t'ai vu près de succomber, et qui m'a causé tant d'affreux soucis?...

— Claire se marie? répartis-je en me soulevant sur mon lit... Claire se marie! dites-vous... Oh! rassurez-vous, mon ami! je ne vous ai pas trompé. Ce transport n'est que de la joie! puisse ce mariage être conforme aux intentions du ciel, et la combler d'un parfait bonheur.....

— Je le souhaite, reprit mon père, et j'aime à l'espérer, quoiqu'il ait quelque chose de fort extraordinaire. Claire avoit refusé cette année trois établissemens très avantageux, et sa mère la croyoit disposée à embrasser la vie religieuse dont elle suivoit les pratiques avec une singulière ardeur, quand un jeune homme inconnu, presque arrivé de la veille, a obtenu son consentement dès le premier entretien. Les renseignemens ont été favorables, et les deux familles se sont promptement trouvées d'accord. Claire se trouve heureuse de cette union, que la sainte Vierge lui prépare, dit-elle, depuis le jour de la *Chandeleur.* Tu reconnais là cette imagination mystique et romanesque à la fois, qui m'avoit fait croire à quelque simpathie entre vous.

— Je vous proteste, mon ami, que je

comprends à merveille le mariage de Claire, et que je ne pense pas qu'elle en eût jamais pu faire un meilleur.

— A la bonne heure, répliqua-t-il en éclatant de rire, cela dépend de votre manière de voir à tous deux. Mais nous ne parlons pas du tien?

— Pensez-vous qu'il soit déjà temps de s'en occuper. Je n'ai pas vingt ans!

— Entre nous, c'est une affaire qui te regarde; mais pourquoi pas? Je me suis marié trop tard, ou les années ont coulé trop vite, et je laisserois à goûter les plus douces joies de la vie si je mourois sans avoir été aimé d'une fille que tu m'aurois donnée, sans avoir joué avec des enfans, sans confier le souvenir de mes traits et celui de ma tendresse à la mémoire d'une génération nouvelle qui sera sortie de moi. C'est là, mon ami, l'immortalité matérielle de l'homme, la seule que la faiblesse de nos organes et de notre intelligence nous permette de pressentir clairement. L'autre est un grand mystère que la religion et la philosophie s'abstiennent prudemment d'expliquer. Ton mariage, à toi, est donc devenu l'objet principal de mes pensées, de mes espérances, et je te dirai franchement que je m'en suis beaucoup occupé depuis la *Chandeleur* dernière....

— Depuis la *Chandeleur*, mon père!...

— Depuis la *Chandeleur*, répliqua-t-il en témoignant un peu de surprise et en me regardant fixément. C'est le temps où les idées de mariage commencent à fermenter, avec la jeune saison, dans le cœur des jeunes gens, et viennent éveiller la sollicitude des pères, car il y a entre les uns et les autres, de secrètes harmonies d'instinct et de prévoyance; mais je me rappelle que cette date a pu te remettre en mémoire la folle préoccupation de notre pauvre Claire. Ce qu'il y a de certain, c'est que j'ai conçu le même projet pour toi à la même époque, et selon toute apparence à l'insu de la sainte Vierge. Si j'ai négligé de t'en parler, tu en connois les raisons. Alors commençoit pour toi cette longue période de maladie dont tu es à peine sorti, et qui m'a fait craindre pour ta vie. Si l'amour n'est pour rien dans tes souffrances, nous sommes encore à temps aujourd'hui pour parler de mes vues, mais sans qu'elles puissent tirer à conséquence le moins du monde, au cas où elles auraient le malheur de contrarier les tiennes; car j'entends expressément que ton choix et ton établissement restent libres, et je ne me départirai jamais de cette promesse.

— Vous me comblez de reconnoissance et de joie, m'écriai-je en m'asseyant sur mon lit, et en rajustant mes habits, car je sentois mes forces se raffermir avec l'espoir de retrouver et d'obtenir Cécile. J'attends de votre tendresse que vous ne m'imposerez point un engagement auquel je ne puis souscrire, et que je ne saurois contracter sans violer les plus saintes obligations. Je vous jure de mon côté, mon unique et parfait ami, que je n'aurai jamais de secret pour votre cœur, et que je ne ferai entrer de ma vie, dans votre maison, une fille que vous n'aurez pas adoptée d'avance.

— Comme tu voudras, dit mon père ; et cependant, cette idée dont il faut bien que je te fasse le sacrifice, étoit le plus doux des rêves de ma vieillesse. Laisse-moi du moins t'en parler pour la dernière fois. Je n'ai peut-être jamais prononcé devant toi le nom d'un de ces amis d'enfance dont le souvenir rappelle un jour les seules amitiés réelles que l'on ait goûtées dans la vie, les amitiés sincères et désintéressées du collége. Celui-là n'était pourtant pas sorti de ma mémoire ; mais une grande différence de vocation, d'habitudes et de domicile, sembloit nous avoir séparés pour toujours. Il étoit devenu colonel d'artillerie; il émigra, et cette dernière circonstance rendit notre éloignement plus irrévocable; car j'avois suivi, comme tant d'autres, le mouvement de la révolution, quand j'étois loin d'en prévoir encore le but et les résultats. Heureusement, cette direction passagère d'un esprit trompé par les apparences, m'avoit valu un crédit politique que j'ai eu la consolation de voir quelquefois utile. Mon ami, désabusé à son tour d'un autre genre d'erreurs, regrettoit le séjour de la patrie, toujours si chère aux cœurs bien nés. Je parvins à obtenir sa radiation, et à lui rendre ses foyers, le champ paternel et l'air natal.

81.

Nous ne nous sommes pas revus depuis, mais ses lettres ne cessent de me témoigner une tendre reconnoissance qui récompense bien doucement mes efforts. Des confidences réciproques nous ont mis au fait des plus petits détails de notre intérieur et de notre fortune. Mon vieil ami Gilbert sait que j'ai un fils sur lequel repose tout mon avenir, et que des rapports multipliés lui ont fait connoître, dit-il, sous le point de vue le plus avantageux; il a une fille de seize ans dont l'éloge est dans toutes les bouches et qui fera certainement le bonheur de son mari comme elle a fait celui de son père. Je ne te cache point que nous avions vu dans cette union projetée un agréable moyen de nous réunir pour le reste de nos jours, chacun de nous deux étant bien décidé à ne pas quitter son unique enfant. C'étoit une vie d'élection que nous nous étions préparée dans notre folle confiance, tant il est vrai qu'on s'abuse à tout âge, et que la vieillesse, mûrie par l'expérience des choses, ne se laisse pas moins entraîner à ses illusions que l'adolescence elle-même. Cette perspective étoit délicieuse, il faut y renoncer!

— Pardon, mon père, mille fois pardon! Pourquoi le ciel m'a-t-il condamné à si mal reconnoître votre tendresse ?...

— Rassure-toi, me dit-il, j'oublierai facilement, quelque joie que je m'étois promise à voir mes espérances réalisées, pour ne plus penser qu'aux tiennes. — Et c'est vraiment dommage, car Cécile Savernier passe pour la plus jolie fille d'un pays où l'on a le droit d'être difficile.

— Cécile Savernier, m'écriai-je en m'élançant de mon lit! Cécile Savernier! O mon père, vous ai-je bien entendu....

— A merveille, répondit-il; Cécile Savernier, fille de Gilbert Savernier, ancien colonel d'artillerie, demeurant à Montbéliard, département du Mont-Terrible. C'est d'elle que je te parlois.

Je tombai aux pieds de mon père dans un état d'agitation impossible à décrire; je m'emparai de ses mains; je les couvris de mes baisers, de mes larmes; je restai long-temps sans retrouver la parole ni la voix. Mon père inquiet, me releva, me pressa contre son cœur, m'interrogea dix fois avant que j'eusse la force de me faire entendre.

— Cécile Savernier! C'est elle, c'est elle, mon père, criai-je enfin d'une voix étouffée! C'est elle que je vous demandois à genoux!

— En vérité, répliqua-t-il. Alors, tes vœux seront facilement exaucés, puisque l'affaire est presque toute faite; mais te crois-tu bien assuré de cette résolution? Sur quoi est-elle fondée? Où peux-tu avoir vu Cécile? Où peut-elle t'avoir connu? Montbéliard est la seule ville de France où elle ait paru depuis son retour de l'étranger, et, quand tu traversois ce pays, il y a deux ans, je suis positivement certain qu'elle n'y étoit pas encore.

Je rougis. Cette question touchoit de trop près à un secret que je n'avois pas la force de révéler, et dans lequel mon père pouvoit ne voir qu'une illusion ou un mensonge.

— Croyez, lui répondis-je, que j'ai vu Cécile, et que je suis autorisé à penser qu'elle ne repoussera pas mon amour. Sur les circonstances ou l'événement qui nous ont rapprochés un instant, soyez assez bon, je vous prie, pour ne pas m'en demander davantage.

— Dieu m'en garde, reprit-il en m'embrassant. Je respecte trop ce genre de mystère pour t'enlever le mérite de la discrétion. *Il est des nœuds secrets, il est des sympathies* qui ne sont connues que des amans, et qu'on devine mal à mon âge. Celle-ci répond si bien à mes désirs, que je n'ai aucun intérêt à m'informer de son origine. Pourquoi, d'ailleurs, ajouta-t-il en riant, la sainte influence qui se fait sentir depuis quelque temps dans les affaires de ma famille, n'y auroit-elle pas ménagé deux mariages au lieu d'un ? Occupons-nous seulement du tien, qui s'accomplira sans remise aussitôt que tu seras gradué. — Ce délai paroît t'effrayer, mais il n'est pas si long que tu l'imagines. Tes succès dans les écoles font depuis plusieurs années mon bonheur et ma gloire, et le temps que ta maladie t'a fait perdre sera promptement regagné.

Tu conçois qu'il te conviendroit mal de te présenter à l'acte le plus solennel de la vie sans y porter en dot un titre honorable et sérieux. Ne t'alarme pas, au reste, des rigueurs d'une séparation dont j'éloigne un peu le terme, et qui rendra ta félicité plus parfaite; car le bonheur qu'on espère est le bonheur le plus sûr de la vie. Il est d'ailleurs tout-à-fait conforme aux bienséances que tu voies ta future et ton père avant de pousser plus loin les choses, et que tu obtiennes un aveu plus positif encore que celui dont nous nous flattons tous les deux. Puisque voilà ta convalescence en bon train, j'espère qu'un mois de séjour à Montbéliard ne peut que l'affermir, et tu assisteras à la noce de Claire en passant, car elle se fait à moitié chemin, dans sa jolie maison du bois d'Arcey. Qu'en dis-tu? Cet arrangement te convient-il?

Je me jetai dans ses bras; il me baisa sur le front, rentra dans son cabinet, et en sortit bientôt avec une lettre à l'adresse du colonel Savernier.

Je partis le lendemain pour Montbéliard, plus heureux qu'on ne peut le dire. — Qu'est-ce, mon Dieu, que les joies de l'homme?

II

J'ai dit que l'étrange illusion qui remplissoit toute ma vie, qui absorboit toutes mes pensées, depuis la nuit de *la Chandeleur*, étoit devenue équivalente pour moi aux vérités les plus positives.

Le résultat de mes recherches lui avoit donné une extrême vraisemblance. Le concours inattendu des projets de mon père avec l'époque et les circonstances de mon rêve, le faisoit sortir de la classe des rêves ordinaires. Ce n'étoit plus un rêve, c'étoit une révélation ; Dieu lui-même, touché de la soumission de mes prières, m'avoit choisi l'épouse que j'allois chercher. Cette idée augmentoit mon bonheur de toute la sécurité dont le bonheur passager des hommes a besoin pour être réellement quelque chose. Disposé par caractère à recevoir facilement l'impression du merveilleux, je m'abandonnai sans résistance à celle-là. Les cœurs qui ressemblent au mien n'auront pas de peine à me comprendre.

J'embrassois pour la première fois la pensée d'un bonheur dont rien ne paroissoit devoir troubler la sérénité; je volois vers Cécile dans toute la confiance, dans tout l'abandon de mon cœur; et, par une singulière rencontre, qui me sembloit faite exprès pour moi, la fin de ce doux hiver avoit pris tout à coup les grâces et jusqu'à la parure du printemps. Les frimats avoient disparu de la base à la cîme des montagnes, un air tiède et embaumé circulait à travers les massifs toujours verts des sapins ; les pousses précoces des autres arbres commençoient à se colorer de ces nuances d'un rouge vermeil qui peignent les bourgeons pressés d'éclore ; et de petites fleurs, inconnues de la saison, émailloient la mousse comme une semence de perles. Nous n'étions cependant qu'à la fin de janvier, et je fus frappé d'un étrange saisissement, quand je remarquai que le jour de la noce de Claire étoit précisément le jour de *la Chandeleur.* J'arrivai à temps pour assister à la célébration : une joie modeste et religieuse, sans mélange d'aucune inquiétude, remplissoit tous les esprits ; la physionomie des mariés exprimoit un contentement parfait, mais céleste, car il étoit calme et recueilli. Le jeune homme étoit beau, plein de tendresse et de prévenances, et toutefois sérieux, de sorte qu'on l'auroit moins pris pour l'heureux fiancé de la veille que pour un ange envoyé, comme témoin, par le Seigneur, au mariage d'une chrétienne. Lorsque la cérémonie fut achevée, je m'approchai de ma cousine, et je lui dis doucement, en portant sa main à mes lèvres : J'aime à croire, petite amie, que cet époux est celui qui t'a été annoncé dans la veillée de *la Chandeleur*? — Claire éleva les yeux sur moi en rougissant, avec un regard qui sembloit dire: Comment savez-vous cela?... — et puis elle me répondit en me pressant la main : « Je n'en aurois pas épousé un autre. » — Oh! non, sans doute, car elle savoit bien que cette destinée de sa vie, c'étoit Dieu qui la lui avoit faite ! Je me sentis agité d'une émotion délicieuse et impossible à décrire, en songeant qu'une pareille félicité m'étoit promise.

Pendant que les fêtes du mariage de Claire me retenoient au bois d'Arcey un peu plus long-temps que je n'aurois voulu, mon excellent père avoit prévenu le colonel Savernier sur ma visite, dont celui-ci, curieux de me connoître d'abord, n'avoit pas jugé à propos d'avertir

Cécile. Lorsque j'eus présenté ma lettre au colonel, il se contenta d'y jeter un regard et un sourire, et venant à moi les bras ouverts : — Je n'ai pas besoin, me dit-il avec une tendre cordialité, de m'informer de ton nom; tu ressembles tellement à l'ami de ma jeunesse, qu'il me semble le voir encore quand toutes les matinées rappeloient un de nous deux auprès de l'autre. Tu es seulement un peu plus grand. Sois le bienvenu, mon garçon, comme un ami, comme un fils, si ton cœur parvient à se faire entendre, ainsi que je l'espère, de celui de ma Cécile. Et puis, maintenant, assieds-toi et repose-toi, pendant que je lirai la lettre de ton père, et que je te considérerai plus à mon aise. —

La douceur de cet accueil fit venir à mes paupières quelques douces larmes, que je cherchai à réprimer en promenant ma vue sur l'intérieur de l'appartement : un chapeau de paille, garni d'un frais ruban bleu de ciel, étoit pendu à un clou ; c'étoit celui de Cécile. Une harpe étoit placée dans un des angles du salon ; c'étoit la harpe de Cécile. Un sac à mailles d'acier avoit été abandonné négligemment sur un fauteuil voisin du mien, et j'y distinguois aisément le chiffre en clouterie qui m'avoit frappé, dans la nuit de ma vision; c'étoit le chiffre de Cécile... — Et cependant, si ce n'avoit pas été Cécile!... Cette idée, qui ne m'étoit pas encore venue, surprit tout-à-coup mes esprits, et me glaça de terreur. Je me trouvois engagé de la manière la plus sacrée, la plus irrévocable, par les vœux que j'avois exprimés à mon père, par la démarche que je faisois auprès de M. Savernier, et mon aveugle précipitation n'aboutiroit peut-être qu'à me séparer pour toujours de l'épouse qui m'étoit promise. Un frisson mortel parcouroit mes membres, quand j'aperçus loin de moi un portrait de jeune femme coiffée d'un chapeau de paille ; je recueillis toutes mes forces pour y courir, persuadé que la maladresse même d'un peintre de village ne seroit pas parvenue à me dissimuler entièrement des traits si bien empreints dans mon cœur. J'arrivai, je restai pétrifié de désespoir ; la foudre, tombée sur ma tête, ne m'auroit pas accablé d'un coup plus cruel. C'étoit le portrait d'une femme charmante, dont la physionomie avoit quelque rapport avec celle de ma Cécile imaginaire. Ce n'étoit pas elle.

Mes jambes fléchissoient sous moi, quand le bras de M. Savernier, passé autour de mon corps, me soutint : — Hélas! me dit-il en essuyant une larme, tu ne verras plus celle-là ! c'est Lidy, ma belle et douce Lidy! c'est la mère de notre Cécile ! Puisses-tu ne jamais éprouver comme moi l'horrible douleur de survivre à ce que tu aimes !..—

Je me retournai vers lui, je m'appuyai sur son sein, et je baignai ses joues de mes pleurs, mais sans démêler, dans mon émotion, s'ils étoient produits par l'attendrissement ou par la joie. Il n'y avoit plus rien qui démentît mes espérances, il n'y avoit plus rien qui ne parût les confirmer. Mon effroi s'évanouit.

— Oui, tu seras mon fils, reprit M. Savernier, d'un ton de résolution solennelle, tu seras mon fils, car tu as une âme ! Tu seras l'époux de Cécile, si elle y consent ! Et pourquoi n'y consentiroit-elle pas? ajouta-t-il en me regardant avec complaisance et en m'embrassant encore. Je n'avois réellement pas encore remarqué que tu fusses si bien.

—Causons, maintenant, continua-t-il en me faisant asseoir et en prenant ma main dans la sienne. Les bienséances ne permettoient pas que tu logeasses chez moi, mais nous nous y verrons tous les jours, pendant le temps que tu as à passer à Montbéliard avant d'aller reprendre tes études. La douce intimité qui doit précéder un engagement sérieux et inviolable, s'établira d'elle-même. Il ne faut pas procéder légèrement dans les affaires de la vie entière et de l'éternité. Cette époque d'épreuves a d'ailleurs un charme que le bonheur lui-même fait quelquefois regretter, et j'imagine que ton père te l'a dit comme moi; et puis, elles ne seront ni longues, ni rigoureuses, car les vieillards ont encore de meilleures raisons que les jeunes gens pour se hâter d'être heureux. Je te parle en tout ceci, comme si je n'avois point de doute à former sur un consentement réciproque entre la jeune fille et toi, et Dieu me garde de me tromper! Mais j'y suis autorisé par les communications que ton père m'a faites, et dont il résulte, à mon grand étonnement, que tu aimes déjà ma Cécile. Ce qu'il y a de plus étrange, s'il est possible, c'est que son cœur naïf qui ne m'a jamais rien caché, se sent entraîné vers toi du même penchant, quoique vous ne vous soyez jamais vus... à moins pourtant que ma vigilance n'ait été déjouée par quelqu'un de ces artifices que la jeunesse pratique d'instinct et que la vieillesse oublie. Ah! je te le déclare, c'est là un point sur lequel je désire avec ardeur des éclaircissemens, et ma bonne et franche amitié pour toi me donne quelque droit à les obtenir!...

Le colonel me regardoit fixément, et le trouble où sa question me plongeoit ne pouvoit pas lui échapper. Je baissai les yeux, j'hésitai, je cherchai une réponse, et je ne la trouvai pas.

— Je jure sur l'honneur, monsieur, répondis-je enfin, que je n'ai jamais vu Cécile, que je n'ai jamais vu son portrait, que je n'ai jamais eu l'audace de lui écrire, que son nom m'étoit connu depuis deux jours à peine, quand mon père l'a prononcé devant moi. Cependant, je l'aime depuis près d'un an; je l'aime pour toute ma vie! Je l'aime plus encore que je ne me croyais capable d'aimer, du moment où vous avez daigné m'apprendre que nos âmes s'étoient entendues! Voilà la vérité, monsieur! Le reste est pour moi-même un incompréhensible mystère!

—Incompréhensible, en effet, reprit M. Savernier d'un air soucieux; tout-à-fait incompréhensible, car je ne suppose pas que tu puisses mentir!... Et cependant!....

—Et cependant, je ne vous ai rien déguisé: j'en prends à témoin la puissance inconnue qui m'a ménagé tant de félicités, et qui a jeté dans mon sein l'amour dont je viens demander le prix. N'est-il donc point d'exemple de ces sympathies qui s'emparent de nous à l'insu de nous-mêmes, et qui nous entraînent avec toute la véhémence d'une passion ? La Providence, qui veille au bonheur à venir des familles, n'a-t-elle jamais préparé, dans le trésor de ses grâces, de semblables rapprochements ? Ce qu'elle a fait pour tous les êtres créés, ne l'a-t-elle jamais fait pour l'homme ? C'est ce que j'ignore profondément, et c'est pourtant ce qu'il faut que je croie, car je n'ai point d'autre explication à vous donner.

— Bon, bon ! reprit le colonel. C'est

qu'on jurerait qu'ils se sont concertés; ne faudra-t-il pas croire maintenant qu'ils se sont vus et aimés en rêve? Si le secret de ce genre de rendez-vous vient à se répandre, c'en est fait pour toujours de la surveillance paternelle. Je la mets bien au défi d'aller jusque-là. Qu'importe, au reste, ajouta-t-il, pourvu que vous vous aimiez, puisque je ne souhaite pas autre chose? Voilà ce que nous saurons tous avant peu d'une manière plus positive, car tu dîneras avec Cécile... demain.

— Demain, m'écriai-je! Et je ne tardai pas à regretter cette expansion indiscrète : mais je m'étois flatté de l'espoir de la voir plus tôt.

— Demain, dit-il en souriant. C'est plus tard que tu ne voudrois, mais ce délai n'est pas assez long pour te causer une véritable affliction. Ce demain, si redoutable pour les amans, n'est l'éternité que pour les morts. Je n'avois pas voulu prévenir Cécile de ton arrivée; je m'étois réservé le plaisir de découvrir, à votre première entrevue, quand je te connoîtrais déjà un peu, ce qu'il y a de réel dans votre sympathie, et j'ai saisi volontiers l'occasion de tenir ma fille éloignée à l'instant où je t'attendois. Une nombreuse famille catholique du pays dans laquelle Cécile ne compte pas moins de six amies, toutes sœurs, solennise aujourd'hui l'anniversaire de naissance d'une bonne aïeule, qui est ma vieille amie, à moi. Comme les longues retraites de la *Chandeleur* sont finies, et que le temps qui nous reste à passer d'ici au carême est consacré, par un usage immémorial, à des divertissements plus ou moins innocents, mais que la piété même ne s'interdit pas, on dansera, on se réjouira, on se déguisera, je crois même qu'on sera masqué. Ne t'effraie pas, mon garçon : le programme de la fête n'admet que les femmes, et aucun homme n'y sera reçu, mari, père ou frère, avant l'heure où il convient que les douces brebis rentrent au bercail. En attendant, nous allons dîner tête à tête, car voilà Dorothée qui nous appelle...

Notre petit repas fut aussi agréable et aussi gai qu'il pouvait l'être sans Cécile, car M. Savernier étoit d'un caractère cordial et enjoué, comme la plupart des hommes d'un certain âge dont la vie a été bonne et honnête. Lorsque nous fûmes près de quitter la table :

— Sais-tu, me dit-il tout-à-coup, qu'il me vient une idée dont tu me sauras probablement quelque gré, car ton impatience s'est trahie tout à l'heure par un mouvement sur lequel je ne me suis pas mépris. Nous essaierons au moins de la tromper jusqu'à demain, puisque demain te paroît si loin, et en voici le moyen. J'ai dû te rassurer sur la composition de la petite société dont ma fille fait aujourd'hui partie, en t'affirmant que les parens seuls y sont reçus, et cela est exactement vrai ; mais cette règle n'est pas si rigoureuse que je ne puisse la faire fléchir en ta faveur. J'entrerois seul d'abord, et en quelques mots d'entretien, j'aurois sans doute aplani toutes les difficultés. Un domestique, aposté d'avance, attendroit de moi le signal convenu pour t'introduire, et tu serois accueilli, sans autre éclaircissement, en ami de la maison. Il est bien convenu que nous jouerions notre rôle avec toute l'adresse dont nous sommes capables, et que nous aurions soin de paroître entièrement étrangers l'un à l'autre. De cette manière, je pourrai apprécier ce qu'il y a de réel dans ces merveilleuses sympathies dont tu me parlois tantôt; car rien ne t'empêchera, sinon de voir Cécile, au moins de l'entretenir avec liberté, et j'espère que tu n'auras pas beaucoup de peine à la reconnoître sous son déguisement de fiancée de Montbéliard.

— Elle est déguisée en fiancée de Montbéliard, dites-vous ? En fiancée de Montbéliard ! seroit-il possible !

— Eh bien ! oui, en fiancée de Montbéliard, continua-t-il sans prendre garde à mon agitation dont il ne soupçonnoit pas le motif. Cela est de bon augure, n'est-il pas vrai ? Mais ce costume est si gracieux, il a tant d'attrait pour les jeunes filles, que plus d'une de ses compagnes pourroit l'avoir choisi comme elle. Dans ce cas, tu la distingueras des autres à un petit rameau de myrte, séparé de son bouquet, qu'il lui a pris fantaisie d'attacher sur son sein, et auquel je dois la reconnoître moi-même.

Cette seconde circonstance, qui me rappeloit si vivement une des particularités de mon songe, me causa une nouvelle émotion ; mais je parvins à m'en rendre maître, et je ne répondis à la proposition de M. Savernier que par les témoignages de la plus tendre reconnoissance. Une heure après, il avoit exécuté son projet dans tous ses points, et j'étois auprès de Cécile. Je la distinguai aisément aux indices que son père m'avoit donnés. Il me sembla même que je l'aurois reconnue sans cela. De son côté, elle avoit manifesté quelque émotion à mon approche, et quand j'eus obtenu la permission de prendre une place qui étoit restée libre auprès d'elle, je crus m'apercevoir qu'elle trembloit.

— Excusez, lui dis-je, une témérité que le masque et le déguisement expliquent au moins un peu. Etranger ici à tout le monde, je vous importune probablement du voisinage d'un inconnu ; et je doute beaucoup que mes traits vous rappellent un de ces souvenirs qui donnent matière aux entretiens malicieux du bal masqué.

— Je ne comprends pas ce genre de

plaisir, répondit-elle, et je n'imagine aucune circonstance qui puisse m'inspirer la fantaisie de m'y livrer. Dans tous les cas, vous n'auriez pas à redouter de moi ces petites contrariétés qui occupent ici tout le monde, et qu'on paroît trouver amusantes ; car je ne crois pas, en effet, avoir jamais eu l'honneur de vous voir.

— Jamais, lui dis-je, en vérité ?...

— Jamais, interrompit-elle avec un rire forcé, si ce n'est peut-être en rêve, et vous pouvez croire à ma parole, car je suis incapable de feindre ; je n'ai pas même entrepris de déguiser ma voix.

C'étoit sa voix, en effet, la voix que j'avois entendue plus d'une année auparavant, mais qui n'avoit cessé depuis de retentir dans mon cœur.

— Permettez-moi donc, répliquai-je avec chaleur, de chercher entre nous quelque motif de rapprochement qui puisse suppléer aux douces habitudes d'une connoissance déjà faite ; mon nom, ou plutôt celui de mon père, a dû être prononcé plus d'une fois devant vous par le vôtre, et je n'ignore point que c'est à la fille de M. Savernier que je parle. Ce nom seroit-il assez malheureux pour n'éveiller dans votre âme aucune espèce de sympathie? Je m'appelle Maxime......

Et j'avois à peine prononcé deux syllabes de plus, que Cécile tressaillit en tournant sur moi des regards qui sembloient exprimer un mélange d'attendrissement et d'effroi.

— Oui, oui, s'écria-t-elle d'un son de voix altéré, votre nom m'est bien connu. Il est cher à mon père — et à moi aussi — parce qu'il nous rappelle des souvenirs qui ne s'effacent jamais d'un cœur honnête, ceux de la reconnoissance!...
— Il est donc vrai, continua Cécile en s'entretenant avec elle-même, comme si elle avoit subitement oublié ma pré-

sence, mais de manière à ne pas me laisser perdre une de ses paroles. — Ce n'étoit point une illusion ! tout s'est accompli jusqu'ici ; tout s'accomplira sans doute. — Que la volonté de Dieu soit faite !

Et elle tomba dans un sombre abattement, où toutes ses idées parurent s'anéantir.

Une de ses mains touchoit presque à ma main. Je m'en emparai sans qu'elle fit le moindre effort pour me la dérober. Seulement elle me regarda d'un œil plus attentif.

— C'est lui ! dit-elle.

—Oh ! ma vue ne doit pas vous causer

d'alarmes, repris-je en pressant sa main dans les miennes. Le sentiment qui m'a conduit auprès de vous est pur comme votre cœur, et il a l'aveu d'un père dont votre bonheur est l'unique pensée. Vous êtes libre, Cécile, et notre destinée à venir ne dépend que de vous.

— Notre destinée à venir ne dépend que de Dieu, répondit-elle en penchant sa tête sur son sein avec un soupir profond. — Mais vous avez parlé de mon père. Vous l'avez déjà vu sans doute. Il sait qu'à cette heure de la nuit, j'éprouve depuis quelque temps un mal inexprimable qui m'étouffe et qui me tue. Je souhaitois si vivement d'en prévenir l'accès! Comment mon père n'est-il pas venu?...

Quoique le colonel m'eût dit quelque chose de cet accident qui n'inspiroit aucune crainte, l'expression de soufrance qui accompagnoit ces paroles me glaça le sang. Le père de Cécile s'étoit d'ailleurs arrêté devant nous au moment même où elle paroissoit le chercher dans la salle d'un regard inquiet. Je m'étonnai qu'elle ne l'eût pas vu.

— Je suis près de toi, dit-il en l'enveloppant d'un bras qui la soutint, car elle alloit défaillir.

Elle s'appuya sur son sein et y passa

un de ces instants d'angoisse qui sont si longs pour la douleur. Une de ses mains que je n'avois pas abandonnée, s'étoit d'abord crispée sous mes doigts, et puis elle s'étoit relâchée et refroidie, comme si elle eût été gagnée par la mort. Je poussai un cri de terreur.

Les amies de Cécile s'étoient empressées autour d'elle; et, dans les soins qu'elles lui prodiguoient, elles avoient dérangé son masque. Hélas! tous mes doutes étoient dissipés, mais une pâleur effrayante couvroit ces traits si chers à ma mémoire. Je sentois la vie prête à m'échapper aussi, quand Cécile respira, releva son front et fixa ses regards sur les personnes qui l'entouroient.

— Ah! dit-elle, c'est bien : je suis mieux, je vis, je ne souffre plus. Je vous demande pardon à tous, et je vous remercie. Cette crise n'est jamais longue, mais j'aurois voulu vous en épargner le souci. Il falloit ne pas venir ou partir plus tôt.— Et cependant, ajouta-t-elle en se tournant à demi de mon côté — cependant, je regretterois de n'être pas venue ou d'être trop tôt partie. Je n'interromps pas plus long-temps vos plaisirs; l'air et la marche vont achever ma guérison.

Nous partîmes peu de temps après

et M. Savernier, rassuré, me confia le bras de sa fille. Elle étoit près de moi, près de mon cœur. Je communiquois librement avec sa pensée; je respirois son haleine; je possédois les dix minutes de vie pleine et heureuse que Dieu m'avoit réservées sur la terre, et j'en jouissois avec délices, car aucun souci n'en altéroit la pureté. Cécile ne souffroit plus; elle l'avoit dit, elle le répétoit à chaque pas. Elle marchoit d'un pied sûr et léger; elle paroissoit heureuse; elle rioit en parlant de ce mal capricieux, qui ne la saisissoit que pour l'effrayer de l'incertitude et de la rapidité de nos plaisirs. Son père, un bras passé autour d'elle, se félicitoit de la trouver si bien, et de pouvoir attribuer le malaise passager qu'elle venoit d'éprouver aux fatigues de la danse, ou à quelque soudaine émotion dont il se refusoit gaîment à pénétrer le mystère. L'espace que nous avions à parcourir étoit fort court, et je ne savois pas si je devois désirer qu'il se prolongeât sans fin pour éterniser la pure félicité que je goûtois, ou que le terme en fût atteint plus vite pour rendre plus tôt à Cécile le repos dont elle avoit besoin. Nous étions arrivés; la main de Cécile se dégageoit de la mienne, et je ne sais quoi me disoit que cette nuit seroit trop longue. Je ressaisis cette main qui m'échappoit, et je n'osai la porter à mes lèvres; mais je la pressai peut-être avec plus d'amour, et je crois que la main de Cécile me répondit... La porte s'étoit ouverte.

— A demain, dit le colonel, à demain! Demain, le plus beau jour de notre vie à tous, si mes espérances ne sont pas trompées... Mais la nuit est à demi passée; ce beau demain doit déjà toucher à sa deuxième heure, et Cécile a besoin de dormir long-temps, car sa santé nous a un peu inquiétés aujourd'hui. A quatre heures du soir, continua-t-il en m'embrassant, et cette fois-là nous serons tous trois à table, en attendant mieux. Bien des occupations pourront abréger pour toi le temps qui nous reste à n'être pas ensemble : le sommeil, la toilette et l'espérance.

Ils entrèrent; la porte retourna lentement sur ses gonds, et Cécile me jeta d'une voix émue un adieu que j'entends encore.

Le sommeil que mon vieil ami m'avoit promis ne m'accorda pas ses douceurs, et je l'attendis inutilement jusqu'au lever du soleil, dans une insomnie inquiète et fiévreuse dont je ne m'expliquois point les alarmes. Il ne me surprit plus tard que pour me faire changer de supplice. Je voyois Cécile cependant, mais je la voyois comme elle m'étoit un moment apparue, pâle, défaillante, le front couvert des ombres de la mort; ou bien, elle penchoit vers mon oreille sa tête voilée de cheveux épars, en me répétant cet adieu sinistre qu'elle m'avoit adressé quelques heures auparavant. Je me retournois alors de son côté pour la retenir, et mes mains ne saisissoient qu'un vain fantôme. Quelquefois je sentois ma face comme effleurée par le vol d'un oiseau nocturne, et quand je m'efforçois de suivre du regard l'objet inconnu de mes craintes, j'apercevois Cécile encore qui s'enfuyait sur des ailes de feu en m'appelant à sa suite. « Ne viendras-tu pas? me crioit-elle avec un long gémissement. Pourquoi m'as-tu laissé partir la première? Que deviendrai-je dans ces déserts, si je n'y suis accompagnée de quelqu'un qui m'aime et qui me protège? — « Me voilà! répondis-je enfin; » et l'éclat de ma voix me réveilla. Le jour étoit fort avancé. Cette nuit sans fin s'étoit prolongée de toutes les heures de la matinée. C'étoit un dimanche; on sonnoit le dernier office à la chapelle catholique.

Je m'étois déjà quelquefois vaguement reproché de n'avoir pas encore reconnu par un seul témoignage de piété le bienfait de ma divine protectrice. Je me hâtai de gagner l'église, et de m'y mêler au petit nombre des fidèles. J'arrivai au moment où le prêtre se rendoit à la chaire. C'étoit un homme à cheveux blancs, dont la noble figure portoit l'empreinte d'un chagrin profond, tempéré par la résignation et par la foi. Il s'arrêta un instant devant moi, et me regarda fixement, comme s'il avoit été surpris par l'aspect d'un chrétien étranger à son auditoire ordinaire, ou comme s'il eût été préoccupé, au moment de me voir, d'une impression que je venois retracer à son esprit. Il soupira, passa, monta à sa chaire, y donna quelques minutes à un acte d'adoration auquel je m'associai par de ferventes prières, se recueillit et parla. Son discours avoit pour objet les vaines espérances des hommes qui ont placé leur avenir dans les choses de la terre, et qui ont compté, pour régler leur vie, sans les décrets éternels de la Providence. Il déploroit l'aveugle présomption de la créature, dont la foible intelligence ne peut comprendre ni les causes ni les motifs des évènements les plus simples; qui ne sait rien du passé, qui ne sait rien du futur, qui ne sait rien de ce qui touche à ses seuls intérêts véritables, aux intérêts de son âme immortelle, et qui se révolte jusqu'au désespoir contre de misérables déconvenues de cette vie fugitive, parce qu'elle est incapable de pénétrer dans les vues secrètes de Dieu. « Et cependant, ajoutoit-il, qu'est-ce donc que cette vie qui occupe toutes vos pensées, pour qu'on attache la moindre importance à ses plus sérieuses vicissitudes? Qu'est-ce que la pauvreté? qu'est-ce que le malheur? qu'est-ce que la mort, sinon d'imperceptibles accidents de position et de forme dans l'immensité des siècles qui vous appartiennent? Épreuves nécessaires d'une âme mal affermie, ou conditions irrévocables de l'ordre universel, ces accidents qui indignent votre orgueil et qui brisent votre constance, doivent concourir peut-être, dans le plan sublime de la création, à l'ensemble de sa merveilleuse harmonie. Ce qui est, c'est ce qui doit être, puisque Dieu l'a permis. Vous ne savez pas pourquoi il l'a permis, et vous ne pouvez pas le savoir; mais ce que vous ne savez pas, Dieu le sait!... »

Le langage de ce prêtre vénérable étoit nouveau pour mon esprit. Les méditations dans lesquelles il m'avoit plongé absorbèrent tellement mes facultés que je m'aperçus à peine de ma solitude au milieu de l'église, à l'instant où l'on éteignoit les dernières lumières du sanctuaire. C'étoit l'heure que m'avoit indiquée le colonel, l'heure si impatiemment attendue, l'heure si lente à venir où je devois enfin voir Cécile! — Cécile dont je pouvois me croire aimé, Cécile que j'adorois! — Je la nommai à haute voix, comme si elle pouvoit déjà m'entendre, et toutes mes idées, toutes les inexplicables inquiétudes dont j'étois tourmenté depuis la veille, vinrent s'anéantir dans le sentiment de mon bonheur. Il me sembloit si bien savoir qu'elle étoit à moi, et qu'elle étoit à moi pour toujours?

La rue que je parcourois, et que j'avois vue presque déserte la veille, étoit alors remplie de monde. J'attribuai d'abord cette différence à la solennité du dimanche, mais je ne pus pas m'expliquer pourquoi cette foule, que devoient appeler en des sens différents les loisirs d'un jour de fête, se tenoit au contraire immobile, ou se bornait à se former çà et là en groupes silencieux. Comme j'avois hâte d'arriver, je me frayois rapidement un passage au travers de ces petits attroupemens, et je n'y saisissois qu'au hasard quelques paroles confuses, dont la plupart ne composoient point de sens suivi. — « Un anévrisme, disoit-on, on ne meurt point d'un anévrisme à cet âge.— On meurt quand l'heure de mourir est venue, répondoit l'interlocuteur. » Un peu plus loin, c'étoit un jeune homme qui paroissoit me porter envie. « Que ne suis-je à la place de cet étranger, disoit-il : du moins il ne l'a pas connue ! » — Plus loin encore, une petite fille parée et voilée, qu'une de ses compagnes écoutoit en pleurant : « A deux heures et demie, en sortant du bal... Elle avoit bien dit qu'elle ne seroit jamais fiancée ! » — Une horrible lumière éclaira ma pensée. Je n'étois plus qu'à vingt pas de la maison; je courus... — Mon Dieu! tant d'années écoulées n'ont pu affoiblir l'impression de cet affreux moment.

La porte étoit drapée de blanc; dans l'allée il y avoit un cercueil drapé de blanc. Quelques flambeaux l'entouroient.

— Qui est mort! qui est mort dans cette maison! m'écriai-je en saisissant violemment par le bras un homme qui paroissoit veiller à cet appareil.

— Mademoiselle Cécile Savernier.

Je tombai sans connoissance sur le pavé, et quand je revins à moi, par rares intervalles, ma raison m'avoit abandonné. Je ne sais combien de jours cela dura.

Cependant, mes yeux se rouvrirent tout-à-fait à la lumière, mais je restai long-temps sans pensée, sans réflexion, sans souvenir. Je venois d'acquérir ou de retrouver le sentiment que j'étois, mais sans savoir encore ce que j'étois : il faudroit rester comme cela.

Quelque mouvement qui se faisoit près de moi, le bruit d'un soupir, d'un sanglot peut-être, attira enfin mon attention. Debout à mon côté, je reconnus le vieux prêtre dont j'avois un jour entendu les puissantes et sévères paroles; il me regardoit de l'air impassible d'un juge qui n'attendoit plus qu'un mot de ma bouche pour m'absoudre ou me condamner. Plus loin, vers le pied de mon lit, un autre vieillard venoit de se lever de sa place, et se précipitoit vers moi, en me tendant des bras tremblans.

— Mon père, m'écriai-je en cherchant ses mains pour les porter sur mes lèvres, mon père, est-ce vous?...

— Il m'a donc reconnu, dit-il! vous voyez bien qu'il m'a reconnu! J'ai encore un fils. Mon fils est sauvé!...

Mes idées commençoient à s'éclaircir, le passé se dégageoit lentement de la nuit de mes songes.

— M. Savernier, dis-je à mon père, M. Savernier ? Où est-il ? »

— Il est parti, répondit mon père ; il est retourné aux extrémités de l'Europe ; mais le temps affoiblira peut-être sa résolution, et j'espère le revoir encore.

— Et Cécile, Cécile ! repris-je avec exaltation. Cécile est-elle partie aussi ? Cécile, qu'en a-t-on fait ? continuai-je en retenant mon père par la main. O mon ami, je vous en prie ! répondez-moi sans déguisement, car je me sens du calme et de la force. Ne trompez pas mon cœur que vous n'avez jamais trompé : il y avoit ici une jeune fille qu'on appeloit Cécile, je l'ai vue hier au bal, je lui ai parlé, j'ai pressé sa main de cette main qui presse la vôtre. — Seroit-il vrai qu'elle fût morte?...

Mon père se détourna en fondant en larmes, et alla se jeter dans un fauteuil à l'autre bout de la chambre.

— Elle est morte, dit le prêtre; le Seigneur n'a pas permis que l'union à laquelle vous aspiriez pût s'accomplir sur la terre. Il a voulu la rendre plus pure, plus douce, plus durable, immortelle comme lui-même, en la retardant de quelques minutes fugitives qui ne méritent pas de compter dans l'éternité. Votre fiancée vous attend au ciel.

— Eh quoi! repartis-je en le regardant fixement, vous croyez que le ciel n'est pas fermé à la tendresse des amants et des époux? Vous croyez que l'amour aussi ressuscitera pour un avenir sans fin, que deux âmes séparées par la mort pourront voler l'une vers l'autre devant le Dieu qui les avoit formées, sans offenser sa puissance, et que je retrouverai Cécile?...

— Je crois fermement, répondit-il, que, dans la vie de l'homme, la mort ne met un terme qu'aux erreurs et aux misères de la vie; je crois que l'âme, c'est la bienveillance, la charité, l'amour; je crois que tous les sentiments tendres et vertueux que Dieu avoit placés dans nos cœurs participeront de notre immortalité, qu'ils en composeront le bonheur immuable et sans mélange, et qu'ils se confondront, sans se perdre, dans l'amour de Dieu qui les embrasse tous.

— Oh! l'amour du Dieu que vous me faites comprendre, dis-je en mouillant ses mains de mes larmes, est le plus naturel des sentiments de la créature, comme le premier de ses devoirs.

Mais, pourquoi m'a-t-il enlevé Cécile?

— De quel droit, jeune homme, s'écria-t-il, demandez-vous compte à Dieu de ses volontés? savez-vous si, dans le coup qui vous a frappé, il n'a pas eu en vue votre félicité même, et si sa prescience infaillible ne vous a pas ménagé un bonheur qui ne doit cesser jamais, au prix d'un bonheur bientôt écoulé? connoissez-vous tous les écueils qui pouvoient briser vos espérances, tous les poisons qui pouvoient corrompre votre miel, tous les événemens qui pouvoient relâcher ou dissoudre vos liens, s'il ne les avoit pas mis à l'abri des périls de cette vie passagère ? A compter d'aujourd'hui seulement, la possession de Cécile vous est acquise sans inquiétude et sans trouble, car c'est Dieu qui vous la garde ! Oserez-vous le blâmer d'avoir veillé sur vos intérêts plus attentivement que vous, et de s'être réservé votre avenir tout entier, pour vous le rendre en échange d'une foible et incertaine portion de cet avenir infini, qui vous auroit peut-être fait perdre le reste ? quand votre père exigea de vous qu'une année s'accomplît entre le moment où il accédoit à vos vœux et celui où la main de Cécile sembloit devoir les combler, ne vous rendîtes-vous pas sans efforts aux conseils de sa prudence? et pourtant, une année est un long terme dans la vie de l'homme, un délai plus effrayant encore quand on le compare à la brièveté de la jeunesse, au cours presque insaisissable de cet âge que le temps emporte si vite. Voici maintenant qu'un autre père, qui est le père commun de tous, vous impose un délai de quelques années de plus de quelques mois, de quelques jours peut-être, car la mesure de votre existence n'est connue que de lui; et ce ne sont pas des années, ce ne sont pas des mois et des jours qui paieront ce foible sacrifice; plus prodigue envers vous, parce qu'il est plus puissant, il vous donne tous les temps qui ne finiront pas. S'il ajourne un instant votre bonheur temporel, c'est pour le perpétuer à travers ces myriades de siècles qui sont à peine les minutes de l'éternité. Tel est le marché que vous venez de contracter, sans le savoir, avec la Providence, et dont une pieuse soumission à ses décrets doit un jour vous faire recueillir le fruit. — Subissez les jugements de Dieu, mon fils, et ne l'accusez pas !...

— Je saurai me conformer à sa volonté, répondis-je d'une voix ferme, et j'en hâterai l'accomplissement par tous les moyens qu'il a laissés en mon pouvoir ! Oui, mon père, j'aime à penser que Dieu avoit béni ce mariage, et je crois l'avoir appris de Dieu lui-même ! je crois qu'il ne m'a séparé de Cécile que pour me la rendre, et qu'il ne nous a pas permis d'être heureux sur la terre, parce qu'il nous réservoit pour lui ! j'irai vers lui, mon père, j'irai tout à l'heure. Je lui demanderai Cécile, et il me la redonnera !...

— Que dis-tu ? malheureux, cria mon père en courant à moi ; n'es-tu pas aussi à ton père, et veux-tu le quitter ?...

J'avois, hélas! oublié, dans mon égarement, que mon père étoit là!

— Calmez-vous, lui dit le vieux prêtre, en l'éloignant de la main. Ne craignez pas que sa pensée s'arrête à ces résolutions forcenées de l'athéisme et du crime. Le suicide qui désespère de la bonté de Dieu calomnie Dieu. Il fait plus que de le nier. Il proteste contre son âme en lui cherchant le néant pour refuge, et il ne trouvera pas le néant, car l'âme ne peut mourir. Tout ce que Dieu a créé vivra toujours, et si Dieu pouvoit lui-même rendre au néant l'être qu'il anima de son souffle, c'est le néant qui seroit le châtiment du suicide; mais le suicide en aura un autre : il saura ce qu'il perd, il comprendra les biens que la patience et la résignation lui auroient acquis, et il n'espérera plus. Les méchans, peut-être, attendront quelque rémission dans l'éternité; il n'y aura point de rémission pour le suicide, il vivra toujours, toujours, dans un monde fermé qui n'aura plus d'avenir; il a rompu avec l'avenir, et son pacte ne se résoudra jamais. Entre Cécile et l'époux que son père lui avoit donné, il n'y a qu'un petit nombre d'instants qui se succèdent et qui s'effacent l'un l'autre. Il y a l'infini entre Cécile et le suicide...

— Arrêtez, arrêtez, mon père! m'écriai-je en m'appuyant sur son sein. Je vivrai puisqu'il le faut!...

Et voilà pourquoi j'ai vécu.

LYDIE

ou

LA RÉSURRECTION.

Chamfort écrit quelque part : « A vingt-cinq ans, il faut que le cœur se brise ou qu'il se bronze.»

A vingt-cinq ans, mon cœur s'étoit brisé.

Du dégoût de la vie positive, j'étois

arrivé à la prendre en horreur. Toutes mes idées, toutes mes espérances se rattachoient à cette vie de l'avenir, qui ne sera point (les matérialistes osent le dire), ou qui reste du moins pour nous, tant que nous sommes, un incompréhensible mystère. Toutes ses ténèbres s'étoient éclaircies à mes yeux. J'y pénétrois comme dans la réalité. Je sentois, je comprenois profondément que Dieu, qui ne pourroit lui-même, selon les règles immuables auxquelles il a soumis la création, détruire le plus petit atôme de la matière, ne s'étoit pas réservé dans sa toute-puissance la puissance d'anéantir ce feu céleste de l'intelligence et de l'amour, qui est la plus parfaite de ses œuvres; je croyois donc fortement à la nécessité des compensations éternelles, abstraction faite de la révélation qui nous les promet, car j'étois né dans un siècle de peu de foi ; et cette conviction me soutenoit contre toutes les douleurs. Une fois que je fus parvenu à ce point de philosophie ou à ce degré d'illusion, les plaies de mon cœur se cicatrisèrent peu à peu; mais je tendis tous les efforts de ma prudence à lui en épargner de nouvelles, en m'isolant autant que je le pouvois de mes compagnons de misère. Il n'y a rien qui conduise plus facilement à l'égoïsme que la lassitude d'une sensibilité aigrie; j'avois été brisé si souvent dans mes affections les plus chères, que je fis consister la sagesse à ne plus rien aimer, dans la crainte de perdre encore ce que j'aimois; et il me sembla qu'on pouvoit vivre ainsi, comme si aimer et vivre n'étoient pas la même chose.

Ma fortune me permettoit encore les voyages, cette manière mobile et rapide d'exister qui ne se compose que de sensations fugitives, et qui nous emporte à travers tous les attachements de la terre, sans nous laisser le temps d'en contracter un nulle part. La vie elle-même est un voyage, me disois-je, et ce n'est qu'à défaut de la varier par des transitions de tous les jours qu'on se prend à elle d'un lien si difficile à dissoudre. Quel regret troubleroit le dernier moment de l'insouciant pèlerin qui a changé tous les jours de famille et de patrie, qui n'a laissé à personne la mémoire de ses traits et de son nom, qui ne doit de larmes qu'aux souvenirs de son enfance, et qui ne coûtera point de larmes aux témoins de sa mort? Mourir ainsi, c'est passer d'une auberge à une autre, c'est tout au plus se dépayser un peu, et j'y serai bien accoutumé.

Ce que j'aurois dû me dire, c'est que mourir ainsi, c'est mourir sans avoir vécu; c'est que nous ne sommes sur la terre que pour nous aimer, nous servir réciproquement, nous aider les uns les autres à porter le poids de la vie; c'est que la résurrection seroit inutile à qui n'auroit pas accompli ce devoir, et que l'homme qui n'a pas aimé ressuscite à peine, s'il est permis de s'exprimer ainsi, car nous ne sommes appelés à jouir du bienfait de la résurrection que par la bienveillance et par la vertu. Ces nouvelles idées germèrent dans mon cœur à l'occasion d'un événement que je veux vous raconter.

Pour être conséquent avec mon système, je n'avois point de domestique attitré. Un domestique, cela aime quelquefois, et cela peut être aimé; j'en changeois comme de domicile, ou pour mieux dire, comme de station, et mes stations étoient fort courtes. Si je perdois à cet arrangement les avantages d'un service assidu, régulier, affectueux peut-être, j'y gagnois des guides plus intelligents, plus familiers avec les contrées que je parcourois, plus instruits de ces particularités qui animent l'aspect des lieux; je voyageois mieux et avec plus de fruit. Celui que je pris à Genève pour m'accompagner dans le pays de Vaud, et qui devoit me quitter à Martigny, sa résidence ordinaire, s'appeloit le petit Lugon, à cause de l'extrême exiguité de sa taille, d'ailleurs robuste et bien prise, que la nature avoit opposée, dans un de ces jeux qui l'amusent, comme une miniature capricieuse, aux proportions gigantesques du monde alpin. Le petit Lugon réunissoit d'ailleurs toutes les qualités qui font du guide des Alpes une espèce à part, un type particulier. C'étoit une histoire vivante, une biographie, une statistique helvétienne, et je conviens qu'il n'auroit pas fallu lui demander davantage; c'étoit mieux cependant que tout cela, car le petit Lugon n'étoit heureusement ni savant, ni sceptique. Tout l'agrément de sa conversation consistoit en une bonne foi naïve qui n'avoit en vue ni l'espérance d'apprendre, ni la prétention d'enseigner; il savoit le nom des choses et la date des faits; mais sa modeste intelligence ne s'étoit jamais efforcée de remonter à la cause de tous les effets et de pressentir les effets de toutes les causes; il disoit ce qu'il savoit, et croyoit ce qu'il disoit; c'est ainsi que j'aime l'érudition. Quand une question inattendue venoit le surprendre au milieu de ses récits, et le transporter des réalités de la vie positive dans le monde conjectural de l'imagination et de la métaphysique, il sortoit ordinairement d'embarras par cette exclamation que le bienfait d'une organisation favorisée a enseignée aux peuples de l'Orient, mais qui appartient heureusement dans tous les pays à la langue des hommes sensés : Dieu est grand, disoit Lugon; et je mets tous les philosophes de la terre au défi de trouver une solution plus raisonnable à la plupart des difficultés que présentent les sciences; je ne doute pas qu'on ne recommence un jour l'*Encyclopédie* sous cette inspiration, et il y aura moyen alors d'en faire un bon livre, c'est-à-dire tout autre chose que ce qu'elle est aujourd'hui; mais Lugon ne pensoit nullement à recommencer l'*Encyclopédie*, il n'en avoit jamais entendu parler.

Nous étions partis de Vevey dans l'après-midi d'une belle journée de printemps, pour aller visiter, à défaut des bosquets de Clarens qui n'ont pas existé et dont je ne me soucie guère, le château de Chillon, dont je ne me soucie pas du tout. Les voyageurs s'imaginent mal à propos qu'il est bon de voir ce que d'autres voyageurs sont venus voir avant eux, et c'est presque toujours ce qui ne mérite pas d'être vu.

Nous cheminions côte à côte sous

les ombrages de la route, sans presser le pas de nos chevaux, quand Lugon rompit le silence pour se parler tout haut à lui-même :

« Voilà la maison de George, dit-il,
« mais Lydie n'y est plus. La pauvre
« créature a profité du beau temps pour
« aller composer à George un bouquet
« de fleurs sauvages, dans ce méchant
« coin de terre qu'elle appelle son
« jardin. »

Nous passions, en effet, au même instant devant une jolie maison blanche, fermée par une porte et des volets verts, et dont tout l'aspect faisoit naître une idée agréable de calme, d'aisance et de propreté.

— La maison de George, repris-je aussitôt, et qu'est-ce donc que George?

— Oh! George! répondit le petit Lugon, c'est le mari de Lydie.

— Fort bien, mais ne puis-je savoir ce que c'est que Lydie?

—Lydie, répliqua froidement Lugon, soit qu'il ne prît pas garde à la monotonie de ce cercle vicieux, soit qu'il eût quelque secrète envie d'exciter ma curiosité, Lydie, monsieur, c'est la femme de George.

— A la bonne heure, m'écriai-je en contraignant mon impatience; mais Lydie et George, une fois pour toutes, n'apprendrai-je pas ce qu'ils sont, et sous quel rapport ils ont le bonheur de vous intéresser?

— Lydie et George, reprit-il en rapprochant sa monture de la mienne, et en appuyant familièrement sa main sur l'arçon de ma selle, c'est une histoire.

— Va pour une histoire, car je n'ai rien de mieux à faire que de l'entendre raconter.

Et nous ralentîmes encore le pas de nos chevaux.

Le petit Lugon se recueillit alors un moment; il passa lentement ses doigts dans ses cheveux, comme pour rétablir l'ordre de ses souvenirs, releva ensuite sa tête avec assurance, et commença ainsi :

« George et Lydie étoient donc mari et femme, comme vous savez, et on n'avoit jamais vu de couple mieux assorti en toutes choses, car il n'y avoit rien de plus beau que George, si ce n'est Lydie, et il n'y avoit rien de meilleur que Lydie si ce n'est George. On suppose qu'ils n'étoient pas bien munis d'argent, quand ils arrivèrent dans le pays, il y a quatre ou cinq ans, car ils allèrent loger chez la mère Zurich, qui occupoit alors une pauvre chaumière de la côte, au-dessus de ces vignes; et je pourrois vous la montrer encore, si le petit verger qui la borde n'étoit pas devenu si touffu maintenant; mais cela seroit inutile, puisqu'elle l'a donnée à un de ses voisins qui étoit plus pauvre qu'elle. C'est une bien digne femme! Peu de jours après, George descendit au rivage et se mit au service des bateliers et des pêcheurs. Comme il étoit vigoureux, adroit, sobre, cordial et avenant, il eut bientôt plus à faire à lui seul que tous les rameurs du lac; mais il n'abusa pas de ses avantages, et on a su depuis que lorsqu'un de ses compagnons avoit fait une mauvaise journée, George ne manquoit jamais de lui faire part de ses bénéfices, en sorte que tout le monde l'aimoit à cause de sa générosité ; et, ce qui est bien rare, plus il augmentoit sa petite fortune, moins il avoit de jaloux. C'est peut-être même la seule fois que cela soit arrivé. Vous comprenez qu'il eut bientôt un bateau et des filets à lui, et c'est dans ce temps-là que, pour se mettre mieux à la portée du lac, il acheta la jolie petite maison que je vous ai montrée tout à l'heure. Il est vrai qu'elle n'étoit pas chère alors, et que c'est à force de soins et d'économies qu'il l'a embellie d'année en année. Ce qui le détermina surtout à quitter son méchant réduit, ce fut la mort d'un enfant qu'il avoit perdu là-haut, sa femme ne pouvant plus vivre dans un endroit qui lui rappeloit à chaque instant sa douleur; mais ils emmenèrent la mère Zurich avec eux. Elle avoit soigné l'enfant, la mère Zurich, elle l'avoit aimé; Lydie la regardoit souvent en pleurant, et elles pleuroient ensemble. Quant à Lydie, on ne la voyoit guère que le dimanche, quand elle alloit entendre la messe à la chapelle catholique, ou les jours de bonne fête, qu'elle traversoit le lac pour aller faire ses dévotions à Saint-Gengoux. Voilà, monsieur, ce que c'étoit que George et que Lydie. »

— Je vous remercie, Lugon, dis-je en faisant un mouvement pour pousser mon cheval au trot; la bénédiction de Dieu ne sauroit descendre sur une plus honnête maison. Mais ce n'est pas là une histoire?

— Dieu est grand, reprit Lugon. Ce n'est pas l'histoire entière.

Je serrai la bride, et j'attendis.

« Comme George n'étoit pas du pays,

continua Lugon, on s'informoit volontiers du lieu d'où il pouvoit être venu, et on se racontoit les uns aux autres ce qu'on apprenoit des étrangers; car monsieur n'ignore pas qu'il n'y a aucune contrée au monde qui soit plus parcourue des voyageurs que le canton de Vaud. George étoit né d'une famille honnête, et cependant très riche, dans un port de mer de France. Je ne me rappelle pas si c'était Strasbourg ou Perpignan; mais je suis sûr que ce devoit être du côté de l'Angleterre. Son père étoit armateur de vaisseaux pour le commerce, et associé, dans ses entreprises, avec le père de Lydie, ce qui fait qu'ils étoient convenus depuis longtemps de marier les jeunes gens quand ils auroient l'âge. Les pauvres enfants s'aimoient tendrement, et leurs fortunes étoient si parfaitement égales, qu'il n'y avoit pas un mot à redire sur la convenance. Mais l'homme propose et Dieu dispose. Une tempête, une banqueroute, un pirate enleva tout. Les deux amis moururent de chagrin à peu de jours l'un de l'autre, et les amants restèrent si tristes, si pauvres et si abandonnés, qu'il ne fut plus question de leurs fiançailles. George, qu'on avoit élevé pour un métier inutile, comme celui de député, d'auteur ou d'avocat, se sentit de l'âme et du courage. Il alla travailler sur le port, et il gagna bravement sa vie à porter des fardeaux comme un simple homme du peuple, parce qu'il étoit fort, ainsi que je vous l'ai déjà dit, et parce qu'il n'étoit pas fier. Ses anciens camarades d'études le prirent en dédain; mais il se soucioit bien d'eux!

« Un jour qu'il s'occupoit du déchargement d'un vaisseau, et qu'il demandoit où l'on devoit porter les ballots, on lui donna l'ancienne adresse de son père. C'étoit le seul bâtiment de l'armateur qui eût échappé à l'accident où avoient péri tous les autres.

« C'est bon, dit George. Mon père avoit
« la confiance d'un grand nombre de né-
« gociants dont son malheur a ébranlé
« la fortune, et ceci les dédommage. »

« Il paya donc honorablement les
dettes de son père, ne conservant pour
lui que le peu qu'il plut aux créanciers
de lui laisser; après quoi il se remit à
travailler comme auparavant. Sa conduite fut remarquée, quoiqu'elle fût
naturelle, parce que les hommes es-
timent volontiers l'honnêteté, même
quand ils ne la pratiquent pas.

« Il faut vous dire, monsieur, que
George avoit un oncle d'un grand âge,
qui n'étoit pas marié et qui étoit fort

opulent, car il avoit pris part aux affaires commerciales du père de George tant qu'elles étoient sûres, et il s'en étoit retiré à propos quand elles devinrent douteuses. L'oncle de George le manda par devers lui, et les gens qui nous ont rapporté ces détails prétendent qu'il lui parla de la sorte :

« Parbleu ! monsieur, j'en apprends
« de belles sur votre compte ! Quoique
« votre mère, qui étoit ma sœur, n'eût
« jamais engagé son bien dans les en-
« treprises de son mari, parce que j'a-
« vois su l'en dissuader, et que vous
« eussiez beaucoup plus à réclamer que
« le hasard ne vous avoit rendu, vous

« avez eu l'orgueil de payer tous les
« créanciers, comme si cela vous regar-
« doit, pour satisfaire à je ne sais quel
« sot devoir d'exactitude et de pro-
« bité dont personne ne vous tiendra
« compte. Ce n'est pas avec de sembla-
« bles petitesses qu'on fait une bonne
« maison. Cette faute ne concerne, au
« reste, que vous, et je m'en soucierois
« peu, si je n'entendois dire que vous
« êtes obligé de vivre du travail de vos
« mains, pour remédier à vos prodiga-
« lités insensées. Vous n'avez pas même
« observé que votre pauvreté pouvoit
« me faire du tort, dans une ville où je
« passe mal à propos pour être fort ri-

« che. Savez-vous, monsieur, que jamais
« aucun homme du sang dont vous sor-
« tez ne s'est avisé de travailler pour le
« public, et que l'outil d'un artisan ou
« les crochets d'un porteur seront une
« honte éternelle à votre famille ? »

« Hélas! monsieur, répondit George,
« il ne me sembloit pas que ma conduite
« pût avoir de pareilles conséquences.
« Je regardois le travail comme la seule
« ressource honnête de ceux qui n'ont
« rien, et vous me permettrez de suivre
« cette opinion dans l'emploi pratique
« de ma vie, rien ne me prouvant jus-
« qu'ici qu'elle ne soit pas digne d'un
« homme de cœur et d'un chrétien. Je

« comprends plus aisément que mon
« indigence non méritée humilie cepen-
« dant la juste fierté d'une honorable fa-
« mille, et je lui épargnerai sans regrets
« la honte qu'elle en reçoit, en trans-
« portant loin d'ici l'exercice de mon ob-
« scure industrie. Il y a même long-
« temps que j'y avois pensé, et, si je
« n'ai pas exécuté plus tôt ce projet,
« c'est qu'il me falloit le temps de ramas-
« ser quelques économies qui aboutis-
« sent bien lentement à quelque chose
« dans le métier que j'ai embrassé. A
« compter d'aujourd'hui, puisque vous
« le voulez, vous pouvez être assuré que
« je ne vous affligerai plus de ma vue

« et du spectacle de ma misère. Je suis
« prêt à partir.

« Fort bien, dit le vieillard en fron-
« çant le sourcil. On pourroit donc vous
« décider à quitter la ville, en vous four-
« nissant quelque argent pour les dé-
« penses du voyage? Ce sera peu, je vous
« en préviens. Il est si rare, l'argent!...

« Non, non, monsieur, » s'écria George
avec une indignation qu'il s'empressa
de contenir! « La ville, je peux la quit-
« ter, et je la quitterai; les économies
« que je me proposois de faire, je les
« ai faites. On ne dépense guère quand
« on n'est pas assez riche pour donner.
« De l'argent, je n'en veux pas. Depuis

« que je travaille, je n'en ai jamais eu
« besoin. »

« A ces mots, le front du vieux millionnaire s'éclaircit un peu.

« Écoute, dit-il à George d'un ton ra-
« douci : tu es mon neveu, le sang de
« mon sang, le fils de ma sœur chérie...
« oui, chérie, je puis le dire ! nous
« nous aimions beaucoup dans notre
« enfance. On a le cœur tendre quand on
« est jeune. C'est l'expérience qui nous
« apprend la réalité des choses, et qui
« élève notre esprit à la connoissance
« des vérités positives ; mais je suis ton
« oncle enfin, ton bon oncle, et je ne
« demanderois pas mieux que de te

« faire du bien, si je le pouvois. Il est
« vrai que je passe pour riche, mais
« c'est qu'on ne connoît pas mes affai-
« res. D'ailleurs, les impôts enlèvent
« tout. Que dirois-tu cependant si je
« voulois assurer ton bonheur, c'est-à-
« dire ta fortune? Ce n'est pas que je
« pense à me dessaisir de mes petites
« propriétés; Dieu m'en garde! la pru-
« dence me le défend, et, par les vicis-
« situdes du temps qui court, les gens
« sages gardent ce qu'ils ont; mais tu
« es mon seul héritier naturel, et je
« peux, sans me réduire à l'indigence,
« te garantir une part honorable de ma
« succession, si tu te maries à mon

« gré; car je suis ton bon oncle, mon
« pauvre George, et je n'ai en vue que
« ton bien-être à venir. Il faut bien se
« résoudre à quelque sacrifice pour ses
« parents. La femme que je te destine
« est précisément la veuve d'un des
« créanciers de ton père, une femme
« d'ordre et d'esprit, très belle encore
« pour son âge, et qui a placé tout l'ar-
« gent que tu lui as rendu au douze
« pour cent d'intérêts, sur des nantis-
« sements superbes qui valent le triple,
« et qui ne seront probablement pas
« retirés, parce qu'elle ne prête pas à
« long terme. Tu seras donc riche après
« ma mort, et tu pourras soutenir di-

« gnement le nom de notre famille, en
« vivant d'économie; mais je t'expli-
« querai cela plus tard. Va donc tout
« préparer pour te mettre en état de
« justifier mes bienfaits, et nous dîne-
« rons demain avec ta future... chez
« elle.

« Je vous remercie, mon cher oncle,
« repartit George, des projets que vous
« avez formés pour me rendre heureux,
« et je vous prie de croire à la recon-
« noissance que vos bontés m'inspi-
« rent; mais il m'est impossible d'en
« recueillir le fruit. Vous n'ignorez pas
« qu'avant la mort de mon père, j'étois
« près d'épouser Lydie, la fille de son

« ami, et l'infortune qui nous a frappés
« tous les deux en même temps n'a fait
« que rendre cet engagement plus in-
« violable. Deux volontés sacrées pour
« nous s'accordoient à nous unir; et la
« pauvreté ne nous a pas séparés.

« Vous épouseriez Lydie, une fille de
« rien et qui n'a rien! s'écria l'oncle
« furieux.

« Je venois vous en prévenir, répli-
« qua George. »

« Et il se retira respectueusement,
car la colère du vieillard ne se manifestoit plus qu'en imprécations, et
George craignit d'être maudit.

« Huit jours après, ils se marièrent en effet, et ils partirent aussitôt, George ayant promis de quitter la ville pour ne pas faire rougir de son abaissement les honnêtes gens qui portoient son nom.

« L'oncle de George, dont l'âge n'étoit pas extrêmement avancé, mais que l'amour de l'or rongeoit d'avarice et de souci, vint à mourir au bout de quelques semaines; et comme il étoit philantrope (un nouveau métier qui rapporte beaucoup), il laissa toute sa fortune à l'enseignement mutuel, qui est la plus belle invention dont ont ait jamais ouï parler; c'est la manière de tout savoir sans apprendre, et d'étudier sans maîtres. Dieu est grand ! Quand au pauvre George, il pria pour son oncle, comme s'il en avoit hérité, mais il ne s'affligea pas autrement de son abandon, et travailla courageusement jusqu'à la mort. »

— George est donc mort? interrompis-je en pressant vivement le bras de Lugon.

— Je croyois vous l'avoir déjà dit, continua-t-il. « C'étoit le 6 octobre du dernier automne. Il y aura justement huit mois à la Fête-Dieu. George revenoit gaiement sur son bateau, après avoir fini sa journée, quand ses yeux furent frappés tout à coup de l'aspect d'un nuage de feu et de fumée que le vent poussoit sur le lac. Il pressentit aussitôt un accident terrible, et fit force de rames pour atteindre à ce petit cap de la grève, qu'on appelle maintenant le Jardin de Lydie. Un incendie dévoroit, en effet, la maison qui occupe l'autre côté de la route, et dont je vais vous montrer les ruines tout à l'heure. Il prit à peine le temps d'amarrer sa barque, se saisit d'une échelle que traînoient péniblement quelques vieillards, car les ouvriers n'étoient pas encore rentrés, et l'appliqua sous une fenêtre d'où il entendoit partir des cris. Un instant après, il s'étoit élancé dans la flamme, et reparoissoit avec une femme évanouie que je reçus dans mes bras, car j'étais arrivé presque au même moment, et je m'efforçois de le suivre. — Elle est sauvée ; elle est sauvée, cria le peuple ! Mais la pauvre créature qui avoit repris connoissance au grand air, se mit à pousser d'affreux gémissemens en appelant ses enfans.— Je m'étois cependant rapproché de la fenêtre tant que je l'avois pu, mais je cherchois inutilement à m'y cramponner à quelque chose, parce que tout brûloit, quand je sentis que George me passoit un nouveau fardeau, puis un troisième ; c'étoient les enfans que j'eus bien du plaisir à entendre crier, et qui furent passés à leur mère de main en main; mais la malheureuse femme se lamentoit toujours, et je ne comprenois plus ses plaintes, la flamme bruissant dans mes oreilles comme une tempête. — Le berceau! le berceau, répétèrent alors quelques voix qui se rapprochoient de moi de plus en plus, parce qu'il s'étoit établi une chaîne, du bord du lac jusqu'à l'échelle où j'étois monté. — Le berceau! le berceau, criai-je à mon tour d'une voix presque étouffée par la fumée qui me suffoquait. George rentra encore, et je crus bien qu'il ne reviendroit plus. En cet instant, le feu avoit atteint le sommet des montants de l'échelle et les échelons supérieurs, de manière qu'ils cédèrent tous à la fois, sans en excepter celui qui me portoit. La foule qui me pressoit par derrière me retint sur l'échelon suivant, et l'échelle s'appuya de son propre poids contre la muraille ardente que déchiroient déjà des fissures assez profondes pour que je pusse m'y retenir; mais la distance qui me séparoit de la fenêtre s'étoit agrandie de six pieds. George la mesura d'un regard, détacha lestement sa ceinture de batelier, et la passa en un clin-d'œil autour du corps du pauvre innocent qu'il avoit tiré de son berceau. « A toi, Lugon, s'écria-t-il, et prends bien garde! L'enfant est vivant! il est sauvé aussi !.... » L'enfant étoit vivant, en effet, il étoit sauvé, mais George étoit perdu; il étoit mort. A peine la pauvre petite créature étoit sortie de mes bras, que le toît s'écroula sur le plafond, que le plafond s'écroula sur George, et que tout s'engloutit dans un brasier horrible, où les restes mêmes de George n'ont pas été retrouvés. Il faut qu'il ait été consumé tout entier, ou que les anges l'aient enlevé au ciel. Dieu est grand! »

— Bien, dis-je à Lugon en liant tendrement ma main à sa main; bien! mon noble ami!... mais après?...

— Après? reprit Lugon. Oh! les enfans se portent à merveille, et vous les auriez déjà vus s'ils ne jouoient pas sous la Saulsaye.

— Mais Lydie, tu ne m'en dis rien! est-elle morte aussi?

— Pour vous parler sincèrement, monsieur, il y a des gens qui pensent qu'il vaudroit autant qu'elle fût morte Elle devint folle peu de jours après, une étrange folie, allez! Ne s'imagine-t-elle pas qu'elle est à demi ressuscitée, et qu'elle passe toutes les nuits avec George lui-même, dans je ne sais quel coin du ciel? Rien ne peut lui ôter cette idée de l'esprit...

Comme il parloit ainsi, Lugon s'arrêta tout-à-coup.

— Tenez, monsieur, me dit-il en me montrant sur sa gauche un amas de décombres noircis, voilà la maison. — Tenez, ajouta-t-il en se rapprochant de la haie qui garnissoit le côté droit du chemin, voilà le jardin de Lydie; et cette jeune femme qui s'y promène, les yeux penchés vers la terre, en cherchant des fleurs, c'est Lydie, la femme du pauvre George!

Il détourna ensuite brusquement son cheval, passa le dos de sa main sur ses yeux, et parut se disposer à reprendre la route convenue.

J'avois mis pied à terre :

— Tu m'attendras là, mon bon ami, lui dis-je, et tu laisseras reposer tes chevaux à l'ombre de ce tilleul. Il faut que je voie Lydie et que je lui parle!

— Gardez-vous-en bien, monsieur, reprit Lugon en essayant de me retenir par le bras. Le médecin dit que la folie est quelquefois contagieuse, et que celle de Lydie est de cette espèce. Il faut que cela soit vrai, puisque la mère Zurich croit fermement tout ce que Lydie lui raconte.

— Un homme aussi sensé que toi,

répliquai-je en riant, peut-il s'abandonner à de misérables chimères? Les médecins n'exercent d'empire sur notre crédulité qu'en se distinguant à l'envi par des propositions extraordinaires et par de fausses découvertes. Sois tranquille sur mon compte ; je suis parfaitement à l'abri de la contagion des idées d'un fou, et si cette infortunée n'a point de consolation à recevoir de moi, je n'ai du moins rien à craindre d'elle.

En même temps je gagnois l'autre côté de la haie, pendant que Lugon, un peu rassuré, se rangeoit à l'ombre en sifflant. Lydie n'avoit pas pris garde à moi. Sa corbeille étoit pleine, et elle s'étoit assise pour assortir ses bouquets.

J'arrivai au bord du lac en recueillant çà et là quelques fleurettes du rivage, pour attirer l'attention de Lydie. « Ne vous affligez pas, dis-je en les lui présentant, si je me permets de glaner dans votre moisson. Quoique ces fleurs soient plus fraîches et plus jolies qu'aucune de celles que j'ai vues dans mes voyages, mon intention n'est pas de les emporter avec moi, et je ne les ai rassemblées que pour les joindre à votre bouquet. — Ah! ah! dit-elle en me regardant avec un sourire, et en les déposant une à une dans la corbeille où elle avoit amassé les autres.... c'est pour George. Il en a qui sont beaucoup plus belles, et qui ont des parfums dont aucune fleur de la terre ne peut donner l'idée; mais il aime à revoir encore les fleurs qui croissent au bord du lac, et que nous avons autrefois cueillies ensemble.—Il ne tardera donc pas à revenir? repris-je en m'asseyant à quelques pas. — Pas ici, répondit-elle, il n'y vient plus. Il ne peut pas y venir, puisqu'il est mort. Ne saviez-vous pas qu'il est mort?... » — Mon cœur se serra. « Pardon, répliquai-je, pauvre Lydie : je croyois que vous l'attendiez.—Eh non! s'écria-t-elle, c'est lui qui m'attend; mais j'irai bientôt, tout à l'heure, quand le soleil sera couché. Oh! si l'on pouvoit dormir toujours! — Votre sommeil est doux, Lydie, puisque vous désirez l'heure qui le ramène. Pendant ce temps-là, du moins, vous ne souffrez pas? — Souffrir! dit-elle en se rapprochant de moi, qui est-ce qui souffre? Je ne souffre jamais, jamais; pendant le jour, j'espère et j'attends. Je trouve quelquefois les journées longues, mais je les abrège à prier, à cueillir des fleurs pour George, à m'occuper de lui, à former des projets pour notre long bonheur, que rien ne pourra plus troubler quand nous serons réunis tout-à-fait. — Et la nuit, Lydie, la nuit que vous préférez au jour? — Oh! la nuit, nous sommes ensemble! Je ne vous l'ai donc jamais dit? C'est qu'il me semble, en effet, que je ne vous ai pas vu depuis long-temps; mais je vous le dirai bien, si vous voulez. — Ce récit m'intéresseroit beaucoup s'il ne vous fatiguoit pas; mais..... » Elle prit ma main dans une de ses mains, et passa l'autre sur son front, comme pour y chercher un souvenir. Ensuite, elle demeura un instant en silence, pendant que ses idées se succédoient et s'enchaînoient les unes aux autres; sa physionomie prenoit en même temps une expression plus animée, et ses yeux s'enflammoient d'une inspiration surnaturelle.

« Vous n'avez sans doute pas oublié le jour de l'incendie ! dit-elle ; personne ne l'a oublié. Cela fut bien affreux, n'est-il pas vrai ? Cependant l'incendie s'apaisa ; les enfans étoient sauvés ; leur mère se trouvoit heureuse. Tout le monde étoit réuni ; il n'y eut que George qui ne revint pas. Je ne sais pas si on m'en dit la raison ou si je la devinai. George étoit mort, et, dans ce temps-là, je regardois la mort comme une chose sérieuse, comme une séparation éternelle. Je pensai qu'entre

George et moi c'étoit fini pour l'éternité, et je regrettai que ma douleur ne pût pas m'anéantir tout de suite. Il me sembla que je ne l'avois pas assez aimé, puisque je lui survivois; mais je me rassurai en pensant que le désespoir étoit peut-être une maladie semblable aux autres; qu'il lui falloit des périodes et des crises comme à la fièvre, qu'il ne tuoit pas comme un poignard. Cela seroit trop doux, pensai-je en moi-même, de mourir d'une première atteinte, de mourir presque sans souffrir, pendant que George a tant souffert; mais cependant j'espérois, aux convulsions de mon cœur prêt à se rompre, que je ne souffrirois pas longtemps. Je vécus ainsi, je ne sais pas combien de temps, sans mouvement, sans parole, sans aliments, sans sommeil, mais agitée dans mon esprit par des illusions singulières. La préoccupation de l'incendie me poursuivoit. De temps en temps je sentois sa vapeur ardente se rouler sur moi comme un torrent; elle étouffoit ma respiration, elle brûloit mes cheveux et mes paupières, et quand je cherchois à fixer autour de moi mes yeux desséchés, je voyois les flammes qui gagnoient toutes les issues, qui s'allongeoient, se replioient, s'arrondissoient, se retiroient pour revenir, comme des langues de feu qui lèchent un bûcher avant de le consumer, et je me disois : Voilà qui est bien, je meurs avec George. Pourquoi a-t-on voulu me faire croire qu'il étoit mort sans moi? — Quelquefois, j'entendois de fortes voix qui crioient tout près de mon oreille : Courage, courage, il est sauvé! Voyez comme les solives se sont croisées miraculeusement sur sa tête et l'ont préservé comme une voûte!.... — Il est sauvé, répétoient les petites filles des villages voisins qui revenoient de vendanges, et elles sautoient. — Je cherchois, moi, à tirer un cri inarticulé du fond de ma poitrine, pour demander qui étoit sauvé. — C'est moi ! c'est moi, répondoit George; ne m'entends-tu pas ?— Je l'entendois bien et je ne pouvois pas suffire à mon bonheur, car son haleine avoit effleuré ma joue ; mais au moment où je croyois le saisir, je m'apercevois que ma main étoit tombée dans la main d'un homme pâle et triste qui me regardoit d'un œil sec et sévère. Elle ne mourra peut-être pas, disoit-il, mais sa raison est aliénée ; elle est folle. »

Ici, Lydie s'arrêta un moment pour se recueillir de nouveau, et puis elle reprit sa phrase au mot où elle l'avoit laissée, entraînée en apparence par un ordre imprévu d'idées, mais sans en perdre la liaison. « Folle? dit-elle. Qu'est-ce donc que d'être folle? La folie, c'est l'état d'un esprit qui s'abandonne sans suite et sans règles à toutes les chimères dont il est frappé... Un état heureux vraiment, le plus heureux de tous, après la mort, et le seul qu'il soit permis aux misérables d'envier, puisque c'est un crime de vouloir mourir. Je n'étois pas folle, moi! je n'oubliois rien! je n'imaginois rien qui ne fût véritable! je savois que George étoit mort, je savois que j'étois seule, je savois qu'il ne reviendroit plus. J'aurois bien voulu être folle, mais je ne pouvois pas. J'avois plus de raison qu'il n'en faut pour comprendre mon infortune, et je la comprenois trop bien pour m'en distraire. Je me disois : Cet horrible serrement de cœur que j'éprouve, il faut qu'il dure jusqu'à ce qu'il ait brisé mon cœur. Cette angoisse dans laquelle je meurs, il faut que je la subisse, tant que je n'aurai pas fini de mourir, Mais, mourir, c'est si aisé, ajoutois-je alors (pardonnez à mon désespoir comme Dieu m'a pardonné!); cette jeune femme que George retira dernièrement du lac, et qu'on eut tant de peine à rappeler à la vie, elle ne vivoit plus, elle ne sentoit plus, elle n'avoit plus d'amour, plus de regrets, plus de douleurs! Une minute encore, et elle étoit en repos, la pauvre créature, pour toute l'éternité. Le repos qu'elle avoit trouvé si vite, qui m'empêche de l'obtenir et de le goûter comme elle? Il y a si près d'ici au lac, et les eaux y sont profondes!..... Vous concevez bien, mon ami, que cette résolution m'étoit venue, parce que je ne pensois pas à Dieu..... Hélas! je ne pensois qu'à George!... et cependant elle me calma. Je fus tranquille de l'espérance de l'être bientôt. J'ouvris les yeux pour savoir s'il étoit nuit, car mon projet ne pouvoit s'exécuter que dans l'obscurité. Le soleil n'é toit pas tout-à-fait couché, mais en face de moi, ses derniers reflets s'éteignoient déjà sur les montagnes. Je prêtai l'oreille, et j'entendis le cornet des armaillers qui rappeloient les bêtes à l'étable. Les moucherons du crépuscule finissoient de bruire aux croisées. Ma tourterelle cachoit sa tête sous son aile. Je dis : Tout à l'heure, et je me trouvai presque bien. »

A cet endroit de son récit, Lydie s'interrompit encore un instant; elle soupira doucement, comme un voyageur qui reprend haleine après un trajet pénible, et qui mesure avec sécurité, sur une pente facile, le reste de son chemin. Ensuite, elle continua :

« Il y avoit plus de cent heures, dit-elle, que je n'avois dormi, et quelque effort que je fisse pour rester attentive à l'arrivée des ténèbres, dont j'attendois ma délivrance, je ne pus empêcher mes paupières de se fermer. Tous les objets disparurent ensemble, toutes mes idées s'évanouirent dans je ne sais quel sentiment confus d'existence qui ne diffère presque en rien de la mort, car il est calme et presque insensible comme elle. Seulement, il y avoit encore autour de moi un bruit vague, mais mélodieux et doux, comme celui d'une petite brise du soir qui expire dans les roseaux, comme celui du dernier flot qui touche au rivage. La nuit, dont je venois d'épier le commencement avec tant d'impatience, paroissoit se blanchir déjà des clartés du matin; ou plutôt, une lumière qui n'étoit pas celle du jour, qui n'étoit pas celle du feu, pénétroit peu à peu l'obscurité transparente. Comme elle s'accroîssoit graduellement, je fixois sur ce phénomène une attention d'instinct, complètement dégagée de toutes les préoccupations de mon esprit. Je n'avois plus de souvenirs, plus de sentiments, plus d'âme. Je n'avois que des yeux. La clarté devenoit toujours plus vive, et cependant elle inondoit mes paupières sans les fatiguer. Je me demandois vaguement comment des organes mortels pouvoient la supporter sans en être éblouis. Tout à coup, et comme si mes sens s'étoient réveillés l'un après l'autre, je crus entendre un frémissement d'ailes qui s'agitoient dans cette atmosphère merveilleuse, et il me sembla que ce bruit procédoit d'un point plus lumineux que le reste, qui se précipitoit vers moi de toute la hauteur du ciel, en s'aggrandissant, en se développant dans sa chute, en revêtant à mesure qu'il s'approchoit des formes et des couleurs. C'étoient des ailes, en effet, des ailes aux plumes d'or, dont la vibration étoit plus charmante à l'oreille que toutes les harmonies de la terre, et l'ange ou le dieu qu'elles alloient rendre à mon amour, vous comprenez bien que c'étoit George ! Mais, dans l'extase où tant de bonheur m'avoit plongée, je fus plus capable de le deviner que de le voir.

« Déjà ses ailes s'arrondissoient sur moi, ses bras m'enveloppoient d'une douce étreinte, ses lèvres erroient de ma bouche à mon front et à mes yeux;

les boucles de ses cheveux flottoient à côté des miennes : — Viens avec moi, disoit-il ; confie-toi sans crainte à ton frère et à ton ami bien-aimé. Cette terre n'est plus notre terre ; ce séjour n'est plus notre séjour. — Et nous nous élevions au même instant avec une rapidité si merveilleuse, que la limite des ténèbres nocturnes étoit déjà franchie, que je me demandois encore où nous allions. Nous plongions comme dans un océan sans fond et sans rivage, dans cet éternel éther qui n'a jamais de nuit, et que tous les astres de l'espace inondent de leurs clartés. Notre monde, que je cherchois de mes regards sans le regretter, n'étoit plus qu'une planète pâle qui blanchissoit à peine d'une tache prête à s'effacer, les voiles noirs du firmament. Le soleil ne tarda pas à s'éteindre à son tour, pendant qu'un soleil nouveau venoit poindre à l'horizon, sembloit se précipiter vers nous en augmentant sans cesse de grandeur et d'éclat, et puis disparoissoit dans les profondeurs de cet infini où sont cachés tant de soleils. Un moment après, tant notre essor se hâtoit, sans doute, à mesure que nous approchions du but, ces astres innombrables passoient à mes yeux avec la promptitude de l'éclair, semblables à ces étoiles de feu qu'on voit courir et se croiser dans le ciel pendant les nuits calmes d'un bel automne. Mes sens étonnés ne pouvoient suffire au spectacle de ces tourbillons qui s'enfuyoient sur ma route, et dont je croyois quelquefois saisir en passant la mystérieuse harmonie. — Bientôt le mouvement des ailes de George se ralentit; elles se déployèrent dans toute leur étendue, semblables aux ailes d'un aigle qui plane, mais presque immobiles en apparence, et frappant mollement l'air de leurs extrémités, à des intervalles égaux. Le dernier soleil qui m'avoit éclairée, ne couroit plus à la suite des autres, comme un météore qui va s'évanouir. Il restoit fixe dans le ciel, mais plus grand, plus radieux, et cependant plus doux que le nôtre, car je supportois facilement sa splendeur, et mes regards affermis y puisoient une nouvelle force. Un instant après, de fraîches brises, souffles caressants d'une atmosphère inconnue, commencèrent à se jouer dans mes cheveux; je crus entendre un bruit lointain où se mêloient les bruits les plus gracieux de la terre, le murmure des rameaux qui frissonnent au souffle du vent, le gazouillement des oiseaux de la dernière couvée, qui, se penchant sur le bord du nid, vont s'essayer à voler, le soupir éternel du lac, foiblement agité, dont les petits flots viennent mourir entre les roseaux. L'horizon, tout à l'heure sans bornes, se rapprochoit et se fermoit peu à peu. Les montagnes, dont le sommet ne m'avoit apparu d'abord que semblables à des îles flottantes qui se baignent dans une mer immense, grandissoient à mes côtés sous leurs robes d'ombrages, de verdure et de fleurs, car elles n'avoient rien de l'austérité de nos Alpes de glace et de granit. Un instant encore, et les cîmes des arbres géants abaissèrent autour de nous leurs frondes flexibles; puis les relevèrent avec souplesse pour nous couronner d'un dais émaillé de bouquets et de fruits, où brilloient des couleurs, et d'où s'exhaloient des parfums que nos organes mortels ne peuvent rêver. George me déposa enfin sur un lit de gazon embaumé, replia ses ailes, et se laissa tomber près de moi, comme un papillon d'or qui se pose. Ensuite, il passa son bras sous ma tête, imprima un baiser sur mon front, et les yeux attentifs sur les miens, il me regarda en souriant, parce qu'il attendoit ma première parole.

« — Oh! je suis heureuse, lui dis-je, puisque me voilà près de toi; mais ne m'apprendras-tu pas où nous sommes?

« — Dans le monde des ressuscités, répondit George. Dans le lieu où les âmes heureuses viennent prendre d'autres formes et subir de nouvelles épreuves, plus longues, mais moins rigoureuses que les premières, pour se rendre dignes de paroître un jour devant Dieu.

« — Eh quoi! m'écriai-je, n'est-ce pas encore ici le jardin céleste du Seigneur, qui nous a été promis par la foi de nos pères, et dans lequel commence, pour ne pas finir, le bonheur inaltérable du juste?

« A ces mots, George prit une attitude plus grave, une expression de physionomie plus sérieuse, comme un homme qui a des choses solennelles à révéler, et je sentis que son regard me remplissoit d'un tendre respect, car, à travers la douce complaisance de l'amour, on y voyoit briller la majesté d'une nature supérieure.

« —Penses-tu, me répondit-il, qu'il ait jamais existé, parmi les créatures les plus favorisées des grâces du Tout-Puissant, une âme assez chaste et assez pure pour se présenter avec sécurité devant son maître, au moment où elle abandonne notre vie d'opprobre et de péché? Ton cœur est trop bien inspiré pour avoir conçu cette présomptueuse espérance! Tu as souvent éprouvé toi-même, dans ta conscience naïve et modeste, que le sentiment de notre indignité s'augmentoit au contraire à chaque pas qu'il nous est permis de faire dans le chemin de la perfection, et tu n'ignores pas que cette idée est un sujet assidu d'alarmes pour ceux qui aiment Dieu, puisqu'elle effraie jusqu'à l'agonie des saints, de l'incertitude du salut. L'orgueil des philosophes et des savants a reculé devant cet abîme; ils n'ont osé chercher dans leurs théories les moyens de le combler. Ils ont mieux aimé laisser un vide sans bornes dans la création, que d'admettre entre son auteur et l'homme des intermédiaires inconnus; et c'est pour cela qu'ils ont inventé la plus impossible des hypothèses, la mort éternelle et le néant. Rien ne meurt, chère Lydie, et rien ne peut mourir; mais tout change de forme en se modifiant toujours, jusqu'à ce que l'esprit retourne à l'esprit et la matière à la matière. Le monde où je viens de te conduire, quoiqu'il soit incomparablement meilleur que le nôtre, n'est qu'un des degrés de cette échelle immense qui nous rapproche incessamment du séjour éternel, dont la possession nous a été promise par les divines paroles du Christ. Ici doit s'accomplir, pour les âmes qui ont pratiqué ses préceptes d'amour, ce *règne de mille ans* dont le mystère occupe depuis si long-temps en vain les théologiens de la terre, parce que l'explication en étoit cachée dans les mystères de la mort. Cette explication, je sais que tu ne me la demanderas pas, parce que tu as foi à mes paroles, et je ne pourrois pas te la donner, parce que les organes qui la transmettroient à ton intelligence n'appartiennent pas aux vivants.

« — Grand Dieu ! repris-je avec effroi, ne suis-je pas morte et ressuscitée ? Faudra-t-il te quitter encore ?

« — Calme-toi, ma bien-aimée, répondit George en souriant ; nous ne serons jamais séparés plus long-temps désormais que nous l'étions sur la terre, et cette séparation n'aura ni les ennuis ni les incertitudes de l'autre. Tous les matins alors, après le baiser de l'adieu, j'allois livrer ma barque aux doutes de la brume, aux bourrasques du lac, aux hasards d'une navigation qui n'étoit pas sans périls. Maintenant, c'est toi qui voyages, et je suis sûr de ton retour.

C'est moi que tu laisses à t'attendre, et tu es sûre de me retrouver. Si nous étions heureux, quand nous avions quelques années à vivre ainsi, combien ne le sommes-nous pas maintenant, quand la bonté de Dieu nous mesure tant de siècles? Et ce n'est pas tout, s'il t'en souvient! Un sentiment si triste se mêloit à notre joie! Il ne falloit qu'un accident pour la troubler, il ne falloit que la mort pour la détruire. La mort, nous ne savions pas ce que c'étoit, et nous savons aujourd'hui que le seul bien qu'elle pût alors nous enlever, c'est elle seule qui le donne.

— C'est donc pour cela, m'écriai-je

en le pressant sur mon cœur, que j'y aspirois avec une si vive impatience! Oh! si tu n'étois pas venu si tôt, c'étoit moi qui arrivois; et, plus soudain que moi, parce que ton âme vaut mieux que la mienne, tu n'as fait que devancer ma résolution!

«—Arrête! interrompit George en me regardant d'un œil attendri; si tu avois accompli cette résolution fatale, c'en étoit fait pour jamais. Les siècles, dans leur succession éternelle, ne nous auroient peut-être jamais réunis! L'âme éclairée des lumières de la foi, qui désespère de Dieu pour embrasser le néant, devient indigne de toutes les grâces du Créateur. Le suicide a rompu son ban; il a violé la loi de misère et de résignation qui lui a été imposée; il végétera sans doute, solitaire et triste, dans les limbes obscurs d'un monde inconnu, jusqu'au jour où les expiations de son repentir auront satisfait à la justice divine. Heureusement pour nous, le projet criminel que tu avois embrassé n'étoit qu'une illusion du délire. A la faveur d'un sens merveilleux qui nous est donné, et qui nous associe à toutes les impressions des êtres chéris que nous avons laissés sur la terre, je suivois avec terreur l'enchaînement de tes pensées, quand une révélation subite m'apprit que tu étois sauvée, parce que l'intelligence s'étoit retirée de toi. Tu m'étois rendue, même dans le temps, car tel est le privilège des âmes pures que Dieu s'est réservées, et dont quelque pieuse douleur a tout à-coup troublé la raison. Tes jours semblent appartenir à des rêves qui t'égarent; ton sommeil t'élève à la possession de la vérité, qui échappe aux impuissants efforts des sages. Les souvenirs que tu vas emporter sur la terre, quand le moment du réveil t'arrachera de mes bras, feront de toi un objet de dérision ou de pitié pour les hommes; mais tu connoîtras seule la destinée à venir de l'humanité, que les hommes vivans ne connoîtront jamais. Ton corps est enchaîné, je ne sais pour combien de temps encore, aux liens grossiers de la vie; mais ton âme est appelée d'avance à goûter l'immortalité. Supporte donc avec résignation les ennuis de cette prison d'un moment, dont la porte s'ouvrira chaque soir sur les espaces immenses de la liberté éternelle.

« — J'ai tout compris, répondis-je, et mon âme, humiliée devant la grandeur de Dieu, se soumet avec reconnoissance à toutes ses volontés ; mais puisqu'il m'est permis de te revoir dans ces momens de mort apparente où les douleurs de la vie font place à des consolations si douces, ne verrai-je pas aussi ma fille ! ma douce et jolie petite fille! Elle ne peut habiter un autre monde que celui où nous sommes, car à quoi serviroit la résurrection des mères, si elles ne retrouvoient pas leurs enfans ? Le cœur innocent de ce pauvre ange n'étoit pas encore ouvert au péché, et Dieu n'a pu refuser à la plus aimable de ses créatures un bonheur auquel la vertu même a moins de de droits que l'innocence... Mais pourquoi ne me réponds-tu pas, et pourquoi une larme vient-elle mouiller tes yeux, à l'instant même où tu cherches à me consoler d'un sourire? Dieu auroit-il voulu garder ma petite fille pour lui?

« — Tous les êtres sont à lui, s'écria-t-il, et il les possède partout! Mais Dieu est incapable de tromper la tendresse qu'il a lui-même déposée dans ton cœur. Seulement, plus sage que tu ne l'es dans l'impatience de ton amour, il retarde la résurrection des enfans jusqu'au moment où ils peuvent se réveiller, ainsi qu'à la suite d'un doux sommeil, suspendus au sein qui les a nourris. Notre petite fille ne t'est pas rendue encore, parce que tu n'es pas encore ressuscitée; mais le jour où tu renaîtras jeune dans mes bras, quel que soit le nombre des années qui t'est réservé, car la vieillesse n'est pour cette nouvelle vie que le court crépuscule d'un beau jour qui aboutit au jour sans fin; à ce moment de gloire et de bonheur qui ne peut plus échapper à notre espérance, tu verras l'enfant chéri éclore du premier de nos embrassemens, et nous partager ses innocentes caresses, comme si elle ne nous avoit jamais quittés. D'ici là, elle continue à dormir paisible dans son petit linceul, comme dans les langes de son berceau, à moins que Dieu n'admette quelquefois ces âmes ingénues à des visions célestes dont les ressuscités eux-mêmes n'ont pas le secret. La patience est un des plus grands efforts de notre nature, tant qu'elle n'est appuyée que sur la résignation; mais elle devient facile quand elle s'appuie sur la foi. Le jour où ta fille se réveillera est si près de nous dans la succession des jours, que tu te ferois scrupule de la réveiller toi-même et de la tirer de ses songes, si elle dormoit sur tes genoux. Et qu'importe combien de temps elle dort, puisqu'elle ne vieillit point? Cherche à triompher, ma Lydie, de ces vaines inquiétudes des vivans que je ne pourrois pas toutes dissiper, parce que la mort seule peut te donner les sens intelligens et purs qui te manquent pour me comprendre. Contente-toi de jouir de l'aspect des biens que Dieu nous prodigue, et de l'espérance assurée des biens qu'il nous a promis. Pense que les heures s'écoulent, et que nous avons autant d'heures à être séparés, que d'heures à être ensemble. Ne t'éloigne pas aujourd'hui sans avoir visité tes domaines et tes jardins.

« En parlant ainsi, George me relevoit doucement du tapis de verdure où nous étions assis, et m'entraînoit de surprise en surprise à travers ces bocages délicieux dont la merveille se renouvelle à chaque pas, car ils ont cela d'étrange et de sublime, que la création livrée à tout le luxe de ses divines fantaisies, ne s'y astreint nulle part à la reproduction uniforme des espèces. Chaque arbre, chaque tige, chaque brin d'herbe, y a son port, sa figure et sa nuance; chaque fleur se distingue de toutes les autres par sa couleur et son parfum; et ceci n'exclut point cependant le privilège dont une âme sensible peut doter quelque fleur aimée, car les moindres soins suffisent pour la perpétuer par la culture; j'y ai même vu des ancolies, des pervenches, des violettes et des roses : si bien qu'on diroit que tout ce qui a inspiré un sentiment ou porté une consolation au cœur de l'homme, est devenu capable de ressusciter avec lui. Cette magnificence féconde et variée que Dieu manifeste ici dans ses œuvres de prédilection, éclate là dans ses œuvres les plus obscures et les plus négligées, s'il est permis de penser et de dire qu'il a négligé quelque chose. Le grain de sable qui roule sous les pieds feroit honte aux rubis et aux saphirs de la couronne des rois. La poussière qui roule en atômes dans un rayon de soleil, a toute la splendeur des étincelles du diamant. Les ruisseaux coulent sur un sable de nacre, plus brillant, plus transparent, plus riche en reflets que l'opale, et il n'y a pas un de leurs petits flots qui ne berce toutes les couleurs de la lumière à sa surface, comme un prisme ou un arc-en-ciel; mais que pourroient vous apprendre, mon ami, ces vaines comparaisons! Qu'est-ce que le rubis et le saphir? qu'est-ce que l'opale et le diamant? Qu'est-ce que l'arc-en-ciel lui-même dans le trésor inépuisable des créations du Seigneur? Eperdue d'étonnement et d'admiration, je n'aurois pu détourner mes yeux des miracles qui les frappoient de toutes parts, si les impressions que j'éprouvois ne s'étoient pas toutes réunies en George lui-même, George qui me paroissoit le roi de ces solitudes célestes, et en qui je remarquois, chose étrange, un caractère solennel de beauté qui m'avoit presque échappé sur la terre : — O mon bien-aimé, m'écriai-je en versant des larmes de bonheur, ce n'est pas toi qui voudrois tromper ta Lydie ! Tu as ménagé mon extase par égard pour ces organes mortels dont je suis encore revêtue, et pour me prémunir contre des émotions qui les briseroient avant le temps!.... Non, ce n'est pas ici un monde de transition entre le temps et l'éternité, le séjour passager d'une créature qui doit finir d'être encore une fois avant de renaître pour vivre toujours. C'est le lieu où le Seigneur prodigue aux justes ses éternelles récompenses dans d'éternelles joies. Ce soleil, mille fois plus radieux que le nôtre, et qui frappe cependant mes regards sans les blesser, cette nature splendide et calme dont il semble qu'aucun orage n'ait jamais troublé le repos, ces oiseaux parés d'éclatants plumages qu'on n'a jamais vus, même dans les rêves; qui effleurent mes cheveux dans leur vol, et qui ravissent mes oreilles de chants intelligibles à la pensée, plus harmonieux que la musique, et plus expressifs que la parole; toute cette création qui vit, qui sent, qui aime, dont tous les mouvements, toutes les émanations, toutes les voix se confondent dans un adorable concert, c'est la plus haute et la plus parfaite des créations de Dieu. Toi-même, George, tu as des ailes! et tes ailes sont l'attribut des anges qui entourent le trône du souverain-maître de toutes choses. Qu'est-ce donc que le paradis des élus, si le monde où nous sommes n'est pas le paradis?

« — Je comprends ton erreur, répondit George, et je la comprendrois encore si la mort t'avoit déjà douée des organes qui te manquent pour apercevoir, dans ce monde passager, mille sensations qui t'échappent, et qui surpassent en douceur celles que tu éprouves maintenant. Tu t'en feras une faible idée en cherchant à te rendre compte des émotions qu'auroit éprouvées la matière, si elle eût joui de l'intelligence et de la pensée, à chacune des transformations qui la rapprochoient de l'état de perfectionnement. Imagine, si tu peux transporter ton esprit dans cette hypothèse impossible, la plénitude de joie qui eût comblé cette matière inerte, quand elle acquit la faculté de croître dans les métaux; les métaux, quand ils obtinrent, dans les plantes, la faculté de vivre et de se perpétuer à jamais; les plantes, quand elles passèrent de l'état sédentaire à l'état de mouvement, dans l'organisation des animaux, et quand elles échangèrent leur végétation captive et solitaire contre des instincts et des sentiments; les animaux, quand le plus privilégié de tous reçut du souffle divin une inspiration et une âme ! A chacun de ces progrès semble attachée la conquête d'une création, et la volupté dont il auroit rempli toute la matière sensible, si elle avoit pu se rendre compte de ses métamorphoses, n'a cependant rien de comparable à celle qui pénètre le cœur de l'homme à l'instant où il prend possession d'une vie nouvelle qui le prépare à la possession assurée de l'éternité. C'est ce que tu sauras un jour, quand tu auras reçu de la mort le privilège de savoir, et tu me pardonneras alors de n'avoir pas satisfait plus clairement à tes doutes et à tes questions, parce que tu comprendras que j'étois obligé de me servir, pour m'expliquer, d'une langue appropriée à l'imperfection de tes sens débiles et incomplets. La connoissance des mystères d'une autre vie n'appartient qu'à une autre vie qu'il m'est permis de te faire pressentir, mais que Dieu seul peut te donner.. Quant à ces ailes que tu as remarquées, continua-t-il en abaissant ses yeux vers la terre avec une grave modestie, je dois t'avouer qu'elles ne me sont pas communes avec tous les ressuscités, comme tu pourrois le croire. Dieu, qui a établi entre toutes ses créatures des différences nécessaires dont l'inégalité apparente ne s'effacera que devant le jour suprême de sa justice, a maintenu quelque hiérarchie dans le monde intermédiaire lui-même, où il appelle ses premiers élus. Comme tous les titres n'y sont pas égaux, il a voulu que les vertus qui lui sont le plus chères, y fussent distinguées par des figures extérieures et par des avantages sensibles, propres à inspirer le respect et la soumission. Cette manifestation éclatante de sa faveur est chez nous le gage d'un ordre immuable, et le secret d'une politique dont rien ne peut altérer le principe ; mais personne n'oseroit s'en enorgueillir, parce que le motif des volontés de Dieu est impénétrable. Ce qu'il est possible de conjecturer, c'est que Dieu a reconnu par cette distinction extraordinaire le dévouement des hommes qui ont donné leur vie pour le salut de leurs semblables, et qui ont fait passer ainsi l'accomplissement du devoir le plus sacré de l'humanité, avant l'intérêt de leur propre conservation. Il y auroit, sans doute, peu de mérite à subir un instinct si naturel, sans réfléchir à ses conséquences et à ses dangers; il y auroit peut-être quelque orgueil à lui obéir dans les occasions qui l'éveillent, qui le développent, qui le font crier au fond de notre âme comme une voix de la Providence, et ma mort auroit été plus digne d'envie que de pitié, si je n'avois eu qu'une vie à immoler en te quittant. Mais tu vivois, Lydie; ce n'étoit pas toi que j'allois sauver; c'étoit toi que j'allois perdre, et n'en doute pas, ajouta George en portant ma main de son cœur à ses lèvres, Dieu a moins récompensé en moi mon action que mon sacrifice!

« — Voilà qui est bien, lui dis-je, car mes idées s'éclaircissent de plus en plus à chaque parole que tu prononces! Laisse-moi te dire le reste. Ainsi, mon

George, tu es heureux parmi les heureux, parce que tu as été bon parmi les bons, et le privilège que tu partages avec quelques-uns n'a rien d'humiliant pour le grand nombre, parce qu'il est de la nature des belles âmes de reconnoître l'ascendant des âmes supérieures, et parce que Dieu a d'ailleurs imprimé à tes pareils le sceau manifeste de sa prédilection. Tu es heureux dans la vie glorieuse que la divine bonté t'a faite auprès de mon père et du tien, qui nous ont si tendrement aimés, et dans les bras desquels tu ne peux me conduire, tant que les liens de la vie qui m'enchaîne encore à la terre ne sont pas rompus. Si quelque chose manque à la félicité si pure dont tu jouis, c'est ta pauvre Lydie et ta petite Marceline, que tu attends, toutefois, avec sécurité, comme au retour d'un court voyage qui n'offre plus de périls; et quoique mon épreuve doive me paroître plus longue, moi aussi, je suis heureuse, car je ne peux plus douter qu'elle finira. Oh! que le sentiment de notre bonheur à venir ne soit plus obscurci dans ton âme par la moindre inquiétude, car ta Lydie le goûte avec toi; et les jours pénibles que j'ai encore à passer dans le monde où tu n'es plus, adoucis du moins par une ferme espérance, te rendront fier de mon calme et de mon courage. Il n'y a de malheureux que les méchans, qui doivent regretter, dans des souffrances éternelles, d'avoir en vain compté sur le néant; et je ne peux te cacher que ce sentiment mêle pour moi quelque tristesse aux joies ineffables de la résurrection. Le Créateur les avoit faits nos frères, et nous avoit prescrit de les plaindre et de les aimer, quoique nous en fussions haïs et persécutés. Ces infortunés ne trouveront-ils jamais grâce devant la pitié du Très-Haut? L'enfer ne les rendra-t-il jamais?

— Je m'attendois à cette question répliqua Georges avec un nouveau sourire, car tous les secrets de ton cœur me sont connus; mais tu sauras un jour qu'il m'est aussi impossible qu'à toi de la résoudre, car la mort n'a soulevé que le premier de tous les voiles qui nous séparent de Dieu; cela devoit être ainsi, pour que notre âme ne s'abîmât pas d'étonnement et de respect dans la contemplation de ses mystères. Ce que je puis te dire et ce que les sages nous enseignent dans notre vie nouvelle, c'est qu'il n'y a peut-être point de méchants absolus, et que, par conséquent, il n'y a peut-être point de peine sans rémission. D'autres clartés font sans doute rayonner un nouveau jour dans des intelligences rebelles. D'autres mondes plus rigoureux soumettent les insensés et les pervers à des épreuves plus longues et plus pénibles, mais qui auront aussi leurs mérites et leurs couronnes. L'obstination seule dans la haine de Dieu et de ses œuvres sera repoussée à l'instant solennel du jugement suprême, mais il faut pour cela que le souffle divin qui anime la nature s'anéantisse absolument en elle, et qu'il n'y reste plus rien d'humain. Il y a encore des chûtes à craindre dans ce monde d'élection où je t'ai transportée, car ce n'est pas celui de la vie éternelle, et les bons sont exposés comme les mauvais à l'atteinte des passions; mais ces chûtes seront fort rares. Il y a encore des réparations à espérer dans ce monde d'exil où les condamnés gémissent; et comme la cruelle espérance du néant ne les rassure plus, ces réhabilitations seront nombreuses. Rien n'est fini devant la souveraine bonté, parce qu'il n'y a qu'elle qui soit complète et universelle. Je t'ai parlé de nos théories et non pas de nos mystères. Chez les ressuscités comme chez les vivants, la sagesse consiste à s'humilier.

« —Que la volonté du Seigneur soit faite en toutes choses, repris-je alors. Mais achève de rassurer ma foiblesse sur un doute que tes discours ont fait naître quelquefois dans mon esprit. La révélation est vraie, il n'est pas permis d'en douter, et le langage des saintes Écritures est la divine expression des vérités que nous devons croire. Pourquoi ces vérités se sont-elles enveloppées de ténèbres impénétrables? Pourquoi cette révélation émanée de Dieu, qui sait tout et qui peut tout dire, est-elle restée imparfaite? En rendant sensibles à tous ces destinées de l'avenir qui deviennent si évidentes aux yeux dessillés des morts, la tendre miséricorde du Seigneur auroit abrégé nos épreuves; car, dès le premier pèlerinage que nous accomplissons sur la terre, toutes les âmes se seroient élancées vers lui d'un commun accord. Pourquoi nous a-t-il laissés plongés dans l'ignorance et dans le doute, si voisin du désespoir, même quand il s'annonçoit par ses prophètes, et quand il se donnoit à nous par son fils! La science de la foi doit-elle tenter de s'élever au-dessus des simples enseignements de la foi?

« — Jamais, s'écria George! car la foi

n'est pas une science, la foi est une vertu dont tout le mérite consiste dans son abandon et dans sa simplicité. Ceux qui croient parce qu'ils savent, ne croient pas assez et ne croient pas bien. La conviction est l'effet de l'examen, et l'examen est une opération de l'esprit qui marque l'ingratitude et la défiance. Pour pénétrer dans l'abîme des volontés de Dieu, il manque à l'homme des organes que Dieu n'a pas daigné lui donner. Que dirois-tu de l'aveugle-né qui porte un jugement sur les couleurs, ou du sourd-muet qui analyse les effets de la musique? Faut-il te rappeler que ces mystères ont été dévoilés aux chrétiens dans la première page des Écritures? Quiconque est parvenu à discerner le bien et le mal, a déjà perdu son innocence, car le propre de l'innocence est de ne pas connoître le mal. Tous les êtres que le Seigneur a produits lui sont également chers, mais il a voulu les renfermer dans de justes bornes qu'ils ne peuvent franchir sans se perdre. Il n'est pas plus permis à l'homme de concevoir les mystères de la création qu'à la plante de changer volontairement de sol et d'horizon, qu'à l'animal de réfléchir sur son existence et de communiquer sa pensée. Les premiers habitants de la terre étoient réservés au bonheur le plus pur que puisse comporter leur espèce, quand un esprit d'orgueil et de démence leur ouvrit la fatale voie du savoir ; ils ont acquis la faculté de savoir, et avec elle tous les doutes qui la suivent, tous les malheurs qui l'accompagnent, depuis l'incertitude où l'âme s'égare, jusqu'à la pensée du néant qui la tue. Ceci est le résultat d'une impatience qui est propre à tous les êtres créés, et qui les porte incessamment vers le degré de perfection qu'ils doivent un jour atteindre, instinct naturel et irrésistible auquel la pierre obéit en croissant et en aspirant à vivre, la plante en vivant et en aspirant à sentir, l'animal en sentant et en aspirant à penser, l'homme lui-même, en pensant et en aspirant à comprendre ; mais l'homme avoit reçu l'intelligence, il connoissoit la portée de son organisation, il en pressentoit avec assurance les fins promises, et il ne se contint point dans les limites qui lui furent imposées par la parole divine. Il entreprit de se rendre égal à Dieu, et Dieu le punit dans sa vanité en lui abandonnant le fruit de la science qui ne lui apprit que la mort. Voilà, chère Lydie, l'histoire de l'humanité. Ces maux seroient trop grands si Dieu ne nous avoit pas laissé pour compensation la foi qui se confie en ses promesses, l'espérance qui attend, et la charité qui aime, trois vertus que la sagesse des saints appelle *théologales*, dans la langue des Grecs, parce qu'elles renferment en elles toute la *science de Dieu*. Croire, espérer, aimer, c'est la véritable loi du chrétien, et quand il a rempli ces conditions dans sa première vie d'épreuve, il s'est rendu digne de l'autre. Si tu me demandes encore maintenant pourquoi la révélation, qui est l'expression même de l'éternelle vérité, n'a pas éclairci ces ténèbres, il me sera facile de te satisfaire. La révélation n'a été donnée, ni à des êtres d'une nature supérieure à l'homme, ni aux hommes obstinés dans le péché de la science, qui persistent à chercher la raison des choses, malgré la défense expresse de Dieu, et qui renouvellent ainsi en eux la tache originelle de leur race. Elle a été donnée aux simples d'esprit et de cœur qui croient parce qu'ils sentent, et non pas parce qu'ils savent. La vie seroit une épreuve aisée, si le témoignage de nos sens nous démontroit que la vie n'est qu'une épreuve, et l'avenir nous dédommageroit assez du présent, si le présent n'étoit pas fermé; mais la révélation nous est arrivée sous une forme humaine, et n'a pu être communiquée à l'homme que dans les conditions de sa nature. La vérité qu'elle nous donne est la vérité générale que saisissent nos organes et qu'embrassent nos facultés; mais elle suffit ainsi aux besoins de notre nature et aux espérances légitimes dont elle est la source. La vérité des savants, au contraire, est un abîme sans fond dont les formidables échos répètent à jamais cette menace prophétique du Seigneur : *Vous êtes poussière et vous retournerez en poussière!* Le péché du paradis terrestre, Lydie, c'est la science, fille déplorable de la curiosité ! Crois donc sans efforts ce qui t'a été enseigné par Dieu et par son Église, même quand ces enseignements te paroissent imparfaits, car tu sais que l'espèce entière à laquelle tu appartiens est imparfaite, et qu'elle ne peut en recevoir d'autres tant qu'elle n'a pas été éclairée par la mort. C'est la mort qui est la lumière. Écoute-moi bien encore une fois, douce amie, pour que mes paroles ne soient pas tracées sur le sable, mais qu'elles s'impriment fortement dans ton cœur. Savoir, c'est se tromper peut-être; croire, c'est la sagesse et le bonheur; espérer, c'est le remède et la consolation de tous les maux; aimer, c'est toute la vertu. Je ne sais pas si le souverain Juge tiendra beaucoup de compte un jour de la science que tu viens d'ambitionner un moment, mais je te réponds que les plus précieux trésors de sa grâce appartiennent à la candeur, à la pitié et à la charité.

« Je me penchai sur le sein de George, en y répandant quelques larmes de joie, et notre promenade se poursuivit en silence, car je n'étois plus curieuse. Je jouissois de délices plus pures que celles qui avoient comblé le cœur des premiers êtres vivants dans le paradis terrestre, et je ne voulois pas renouveler le péché d'Ève dans le paradis des morts. Je savois d'ailleurs que les doutes qui me tourmentoient encore étoient l'effet de mon ignorance et de mon imperfection, et qu'ils ne pouvoient qu'affliger mon ami, en le ramenant trop long-temps du sentiment serein de sa condition à la tendre pitié que lui inspiroit la mienne. Et puis, tout continuoit à me distraire par ces sensations que les hommes ne sont pas même capables de nommer, parce qu'il n'y a rien qui leur ressemble dans nos sensations ordinaires. Mes yeux, inondés des lumières flatteuses qui les étonnoient sans les éblouir, mes oreilles abreuvées par un fleuve d'harmonie qui ne tarissoit jamais, tous mes sens, accablés d'un bonheur pour lequel ils ne sont pas formés, commençoient à s'assoupir dans une langueur délicieuse dont aucune de nos voluptés terrestres ne donneroit l'idée, si l'on ne parvenoit à se figurer l'inexprimable extase d'une âme qui vient d'être ravie en Dieu. Je sentis mes membres défaillir, mais le bras de George me soutint.

« — Voilà le moment venu, dit-il. Tu t'endors à la vie des ressuscités pour retourner à la vie des mourants, et pour la traîner péniblement pendant quelques heures qui nous sépareront à peine, car ma pensée ne cessera de te suivre et de veiller sur toi. Souviens-toi de croire, d'espérer et d'aimer, et ne crains pas de souffrir, car les souffrances de la vie sont passagères, et les joies de la résurrection sont éternelles.

« Au même instant, continua Lydie, je me réveillai en effet sur le lit de douleur où j'avois subi la veille de si mortelles angoisses, et je sentis ma main pressée contre la main du médecin, qui interrogeoit de nouveau le mouvement de mon sang. — Où est-il? m'écriai-je? Que sont devenus ces brillans oiseaux au plumage d'or, qui nous saluoient de leurs concerts? Qu'a-t-on fait de ces fleurs qui penchoient à l'envi vers nous leurs calices odorants pour nous embaumer de leurs parfums ? Le Seigneur a-t-il éteint son soleil ? — Mais je me rappelai aussitôt les paroles de George, car elles avoient à peine cessé de retentir à mon oreille, et de vibrer dans mon âme ; je compris avec résignation que ma captivité n'étoit pas finie, et je souris.

— Voilà qui est bien, remarqua le docteur du ton de l'orgueil satisfait. Ce que j'avois prévu est arrivé. Cette jeune femme est en démence ; il n'y a pas un moment à perdre pour la transporter dans l'hospice des aliénés de Lausanne, où je pourrai observer de plus près les développements et les crises de sa maladie.

« — Pourquoi faire? dit la mère Zurich, une bonne vieille femme de notre voisinage qui m'avoit assistée les jours précédents, et qui ne m'a pas quittée depuis; pourquoi faire, s'il vous plaît?

« — Pour la guérir, répondit le médecin en puisant une prise de tabac dans sa tabatière d'or.

« — Hélas! reprit la mère Zurich en soupirant, Dieu nous garde qu'elle guérisse, puisqu'elle se trouve contente ainsi, et que son front a repris cette sérénité d'ange qui la rendoit belle au temps de son bonheur. Pouvez-vous ressusciter George, et le ramener ici avec elle, quand elle sera guérie? Si votre savoir ne va pas jusque-là, laissez-nous Lydie comme elle est. La pauvre enfant sera notre fille à tous, et je vous réponds que nous ne l'abandonnerons pas !

« En parlant ainsi, elle m'entoura de ses bras comme pour me retenir, et je répondis à sa tendresse par des larmes de reconnoissance, car je me serois trouvée bien à plaindre de quitter la maison de George et les gens qui l'avoient aimé. Le médecin étoit pourtant fort affligé, selon toute apparence, de perdre un sujet d'étude qui commençoit à lui faire honneur, et je ne l'ai pas revu depuis. Mon histoire finit là, et maintenant, j'espère et j'attends. »

Depuis long-temps Lydie ne parloit plus, que je l'écoutois toujours. Quant à Lydie, elle étoit retournée à ses fleurs, sans prendre garde à moi, et je pense qu'elle m'avoit tout-à-fait oublié, quand je me replaçai sur son passage.

— Un mot encore, Lydie, un mot et

rien de plus, m'écriai-je en saisissant sa main avec une respectueuse tendresse ! Depuis cette nuit solennelle où George vous transporta dans le paradis des ressuscités, vous est-il arrivé de faire encore une fois, une seule fois, le même rêve ?

— Le même rêve ? reprit-elle d'un air soucieux. Appelez-vous cela un rêve, comme le font les autres ? Oh ! ne vous alarmez point ! je ne vous en saurois pas mauvais gré. Les vivants ne peuvent juger que d'après leurs sens, et leurs sens sont voilés d'épaisses ténèbres. Depuis cette nuit où le paradis des ressuscités me fut ouvert, j'y passe toutes les heures de mon sommeil, et j'y ai pénétré des mystères plus doux encore que ceux dont je vous ai entretenu. Si cela n'étoit pas ainsi, croyez-vous que je vivrois encore ?

Une femme que je n'avois pas aperçue jusque-là, et qui étoit arrivée pendant les derniers moments de notre entretien, vint se placer alors au-devant de Lydie qui s'empara de son bras. Je reconnus la mère Zurich, et en effet, le soleil prêt à se coucher marquoit déjà depuis quelque temps l'heure de quitter l'esplanade. «Pauvre innocente!

dis-je en moi-même en suivant Lydie
des yeux à travers les détours du chemin, et en la voyant disparoître pour la
dernière fois derrière un massif de verdure qui ne devoit plus me la rendre ;
pauvre Lydie ! repris-je après un instant de réflexion, ou plutôt, femme
heureuse et privilégiée entre toutes les
femmes! tu vas t'endormir aux tristes
réalités de la terre et rêver, sur le sein
de ton ami, la félicité qui t'est promise!
Dors long-temps, Lydie, et puisse le ciel
hâter pour toi le jour fortuné où tu ne
te réveilleras plus ! Grâces te soient
rendues cependant pour les douces et
précieuses consolations que j'ai reti-

rées de ton entretien ! Là où n'étoit pour moi qu'une énigme dont je croyois pouvoir obtenir le mot sans recherches et sans sacrifices, tu m'as appris que la solution de cet imposant mystère n'appartient qu'à ceux qui savent aimer et souffrir; la crainte de souffrir me faisoit craindre d'aimer, et je ne savois pas qu'en me dérobant aux rigoureuses épreuves du cœur par une défiance pusillanime de mes forces, j'altérois en moi le principe le plus vivace de mon immortalité, celui-là seul qui doit nous acquérir des droits à une éternelle récompense, et nous faire participer à des joies éternelles ! Tes paroles ont rallumé ce flambeau d'active charité que je m'efforçois d'étouffer dans mon sein. Je retourne parmi les hommes pour les aider dans leurs peines, et pour pleurer du moins avec eux quand il ne m'est pas permis de les secourir. Je vais reprendre ma part des calamités qui sont attachées à notre existence passagère, je vais accumuler sur ma tête résignée tout ce qu'il me sera possible d'en épargner aux autres, et si j'éprouve quelque regret, c'est que ce devoir, dédaigné si long-temps par une fausse philosophie, soit trop facile aux âmes à convictions profondes qui veulent se rendre dignes de leur destinée. Il n'y a point en effet de malheur réel pour l'amour, quand il s'appuie sur l'espérance et sur la foi, et si cette prescience de l'infaillible vérité étoit donnée à tous comme à Lydie et à moi, ô mon Dieu! qui oseroit dire que notre paradis terrestre fût fermé! »

— Dieu est grand, dit Lugon, car j'avois proféré tout haut ces dernières paroles en m'acheminant vers l'endroit où il m'attendoit, une main passée dans la bride de mon cheval. Monsieur a sans doute remarqué, ajouta-t-il pendant que je me jetois en selle, qu'il étoit trop tard ce soir pour aller voir le château de Chillon?

— Eh! que m'importe, mon ami, le château de Chillon, et tous les restes du moyen-âge, et tous les souvenirs de la poésie, et jusqu'à ces merveilles de la nature que j'allois admirer dans les Alpes! Mes amis s'attristent de mon absence, ma mère est vieille et infirme, j'ai laissé un domestique malade, le plus pauvre de nos voisins a perdu sa vache, l'argent que je dissipe en distractions solitaires fait faute dans vingt maisons du village, et je reprendrai demain la route du Jura.

Cette réponse, qui ne présentoit à l'esprit de Lugon qu'un bizarre enchaînement de phrases sans ordre, lui inspira sans doute quelque inquiétude sur l'état de ma raison, car il ne me répliqua que par un hochement de tête accompagné d'un soupir. Le pauvre garçon n'avoit pas oublié que la folie de Lydie passoit pour contagieuse. « Dieu est grand ! » murmura-t-il tout bas en s'élançant à son tour sur sa mule, et nous gagnâmes Vevey d'un temps de galop.

Je suis resté dès-lors fidèle à toutes mes résolutions. J'ai accepté avec soumission et avec reconnoissance la part que le Seigneur m'a faite dans les douleurs et dans les tribulations de l'humanité; je ne me suis jamais plaint que la coupe fût trop pleine, quoiqu'elle ait débordé souvent, et je dois répéter encore qu'il y a eu peu de mérite dans mon courage, car le courage ne coûte rien à la foi. Il n'est point d'homme qui n'en puisât autant que moi dans les mêmes espérances, et qui ne se défendît soigneusement de soumettre sa croyance instinctive aux misérables arguties de l'examen philosophique, une fois qu'il a compris que toutes nos vertus consistent à aimer, et que tout notre bonheur consiste à croire. Ces paroles de George me ramènent à une histoire dont j'ai promis la fin.

Dans le cours du printemps qui suivit ma rencontre avec Lydie, un souci profond dont je n'étois pas le maître, me pressoit de la revoir et de m'informer de son sort. La science des médecins m'effrayoit; quand je pensois qu'ils pouvoient l'avoir guérie, qu'elle étoit rendue au sentiment affreux de son infortune, et qu'elle ne rêvoit plus. Ma constance même, encore chancelante, avoit besoin de s'assurer dans sa force, contre les railleries des beaux-esprits et le superbe dédain des sages. Pour mettre fin à ces incertitudes, je retournai à Vevey, mais je ne m'y arrêtai point. Je passai devant la maison de George, qui étoit fermée comme la première fois, et je pensai que Lydie devoit être à l'esplanade, car l'heure n'étoit pas encore avancée, et le jour étoit tiède et pur. Au moment d'arriver, je rencontrai un cavalier qui menoit à la main un cheval de retour. Comme je connoissois cet homme, et que j'en étois connu, nous mîmes pied à terre tous les deux à la fois. C'étoit le petit Lugon.

— Où va donc monsieur, sans guide et sans domestique? dit Lugon en répondant cordialement à mon serrement de main.

— Au jardin de Lydie, répondis-je. As-tu remarqué si elle y étoit.

— Elle y est, monsieur, reprit Lugon d'un ton de voix grave et concentré, en abaissant ses regards vers la terre. Madame Lydie est dans son jardin et n'en sortira plus, jusqu'à ce que la trompette de l'ange l'appelle au Jugegement dernier. Elle est morte.

— Morte! m'écriai-je.

Et le cœur de l'homme est un abîme de contradictions inexplicables. Je ne sais ce qui l'emportoit alors en moi du regret de sa perte ou de la joie de sa délivrance.

— Elle mourut, continua Lugon, un mois à peine après le jour où monsieur conversa si long-temps avec elle. Elle étoit dans son jardin, comme elle appeloit ce coin de la grève, tout entourée de fleurs qu'elle avoit cueillies et dont la pauvre femme avoit coutume de composer le bouquet de George. La mère Zurich étoit venue deux fois pour la chercher, et deux fois elle s'étoit retirée à l'écart parce qu'elle avoit pensé que Lydie dormoit. La troisième fois, comme la nuit se faisoit déjà sombre et que tout le monde revenoit de son travail, elle résolut de l'éveiller, mais elle ne put y réussir, parce qu'il se trouva que Lydie étoit morte. Alors la mère Zurich poussa un cri qui appela tous les passans. « Voyez, voyez! dit la mère Zurich, elle est morte! et je croyois qu'elle dormoit! » Ce qu'il y a d'étrange, monsieur, c'est que, lorsqu'on vint pour enlever le corps de Lydie que la mère Zurich avoit enveloppé de ses bras sans proférer une parole de plus, on s'aperçut que la mère Zurich étoit morte aussi.

On leur creusa là les deux fosses que vous voyez, parce qu'elles étoient catholiques et qu'elles ne pouvoient avoir part aux prières des huguenots.

— Tu es catholique, Lugon ? repris-je involontairement, car ma pensée étoit distraite par d'autres idées.

— Certainement, monsieur, répliqua froidement Lugon, puisque je suis du Valais.

— Et que pensa-t-on dans le pays de ces deux morts si soudaines que rien n'avoit fait prévoir ?

— Le docteur n'en parut pas étonné.

Il dit que la jeune étoit morte d'une congestion cérébrale, je crois que c'est cela, et la vieille d'apoplexie. Oh ! c'est un homme très savant.

— La jeune étoit morte parce que le temps de ses épreuves étoit achevé, et la vieille parce qu'elle n'avoit plus personne à consoler sur la terre. Le ciel ne devoit pas une moindre récompense à sa piété. —

Ici Lugon me regarda fixément avec un mélange d'étonnement et de tristesse, car il n'avoit pas oublié tout-à-fait ses anciennes préventions, et il venoit de se les remettre en mémoire.

— La vieille, reprit-il, avoit fait son temps; mais Lydie, si jeune encore et si belle !...

— Ne la pleurez pas, mon ami ! Lydie est affranchie maintenant de toutes ses douleurs ! Lydie possède à jamais, sans trouble et sans réveil, la félicité qu'elle ne faisoit que rêver.

Lugon me regarda de nouveau.

— Dieu est grand ! dit-il.

FIN.

PUBLICATIONS

DE LA LIBRAIRIE

DUMONT,

PALAIS-ROYAL, 88, SALON LITTÉRAIRE,

Publications en Vente.

LE ROI DE LA RÉVOLUTION,

PAR

TOUCHARD-LAFOSSE,

Auteur des *Chroniques de l'OEil-de-Bœuf.*

1 vol. in-8. — 7 fr. 50 c.

LA FEMME AUX SEPT MARIS,

PAR H. DALICARE.

1 vol. in-8. — 7 fr. 50 c.

MATINÉES D'UN DANDY,

PAR HENNEQUIN.

2 vol. in-8. — 15 fr.

AYMAR,

PAR H. DE LATOUCHE.

2 vol. in-8 — 15 fr.

SCÈNES DU JEUNE AGE,

PAR MADAME SOPHIE GAY.

2 vol. in-12. — 7 fr.

LES QUATRE TALISMANS,

PAR CHARLES NODIER.

1 vol. in-8. — 7 fr.

La Nonne de Gnadenzell,

PAR SPINDLER,

2 volumes in-8. — 15 francs.

LES
PÈLERINS DU RHIN

PAR BULWER, auteur d'*Eugène Aram*.

2 vol. in-8. — 15 fr.

PAULINE ET PASCAL BRUNO,

Par Alexandre Dumas.

2 vol. in-8. — 15 fr.

TONADILLAS,

PAR EUGÈNE SCRIBE,

2 vol. in-8. — 15 fr.

UNE ANNÉE EN ESPAGNE

PAR CHARLES DIDIER.

2 vol. in-8. — 15 fr.

STÉNIA,

PAR MADAME CAMILLE BODIN
(Jenny Bastide).

2 vol. in-8. — 15 fr.

LE CONTEUR DES SALONS,

A L'USAGE DE LA JEUNESSE,

POUR AIDER A LA TRADUCTION ANGLAISE.

1 vol. in-12. — 3 fr.

HEDWIGE,

PAR LA DUCHESSE D'ABRANTES.

1 vol. in-8. — 7 fr.

OR, DEVINEZ!

PAR Mme ÉLISE VOÏART.

2 vol. in-8. — 15 fr.

ISABEL DE BAVÈRE,

PAR ALEXANDRE DUMAS.

2 vol. in-8, *deuxième édition*. — 15 fr.

SOUVENIRS D'ANTONY,

PAR ALEXANDRE DUMAS.

1 vol. in-8, *deuxième édition*. — 7 fr. 50 c.

SCÈNES POPULAIRES,

PAR

HENRY MONNIER.

2 vol. in-8; *quatrième édition.* — 15 fr.

MONSIEUR LE MARQUIS
DE PONTANGES,

PAR

Madame de Girardin (Delphine Gay).

2 vol. in-8; *deuxième édition.* — 15 fr.

LE
CAFÉ PROCOPE,

PAR ROGER DE BEAUVOIR.

1 vol. in-8. — 7 fr. 50 c.

MÉMOIRES D'UN CAVALIER,

PAR JAMES,

Auteur de *Richelieu*, traduit par M. DEFAUCONPRET.

2 vol. in-8. — 15 fr.

SAVINIE,

PAR MADAME BODIN (JENNY BASTIDE).

2 vol. in-8. — 15 fr.

JEAN ANGO,
PAR
TOUCHARD-LAFOSSE.
2 vol. in-8. — 15 fr.

MARCO VISCONTI,
TRADUIT PAR M. GOLARD;
2 vol. in-8, ornés de cartes et vignettes. — 15 fr.

Scènes de la vie Espagnole,
PAR LA DUCHESSE D'ABRANTÈS.
2 vol. in-8. — 15 fr.

UN ÉTÉ A MEUDON,
PAR FRÉDÉRIC SOULIÉ.
2 vol. in-8. — 15 fr.

LES JOURS HEUREUX,
PAR E. VAULABELLE.
1 vol. in-12. — 3 fr.

LA COMTESSE D'EGMONT,
PAR
Madame Sophie Gay.
2 vol. in-8. — 15 fr.

GODOLPHIN,

Par l'auteur de TREVELYAN,
DU MARIAGE DANS LE GRAND MONDE, ETC.
2 vol. in-8. — 15 fr.

UNE
FEMME MALHEUREUSE,
ROMAN DE MOEURS,
2 vol. in-8. — 15 fr.

UNE
PASSION EN PROVINCE,
PAR MADAME BODIN (JENNY BASTIDE).
2 vol. in-8. — 15 fr.

FLEURS DU MIDI,
(POÉSIES)
PAR MADAME L. COLET.
1 vol. in-8. — 7 fr. 50

PAGES DE LA VIE INTIME,
PAR MADAME MÉLANIE WALDOR.
2 vol. in-8. — 15 fr.

LA
Canne de M. de Balzac,
PAR MADAME DE GIRARDIN
(Delphine Gay).
1 vol. in-8. — 7 fr. 50 c.

UNE FILLE NATURELLE,
PAR
FÉLIX DAVIN, AUTEUR DU *Crapaud*.
2 vol. in-8. — 15 fr.

LE
MALHEUR DU RICHE
ET LE
BONHEUR DU PAUVRE,
PAR CASIMIR BONJOUR.
1 vol. in-8. — 7 fr. 50.

LE FLAGRANT DÉLIT,
PAR JULES LACROIX.
2 vol. in-8. — 15 fr.

MADAME HOWARD,
Par l'auteur du *Mariage dans le Grand-Monde*.
2 vol. in-8. — 15 fr.

SOUVENIRS D'UN DEMI-SIÈCLE,

PAR TOUCHARD-LAFOSSE,

Auteur des Chroniques de l'OEil-de-Bœuf,

6 vol. in-8. — 45 fr.

IMPRESSIONS DE VOYAGE,

PAR ALEXANDRE DUMAS.

5 vol. in-8. — 35 fr.

SCÈNES DE LA VIE ANGLAISE,

PAR MADAME BODIN (JENNY BASTIDE).

2 vol. in-8. — 15 fr.

L'Auberge des Trois Pins,

PAR ALPHONSE ROYER ET ROGER DE BEAUVOIR.

1 vol. in-8. — 7 fr. 50 c.

SCÈNES DE LA VIE ITALIENNE,

PAR MÉRY.

2 vol. in-8. — 15 fr.

Histoires Cavalières,

PAR ROGER DE BEAUVOIR.

2 vol. in-8. — 15 fr.

LA CROISIÈRE DE LA MOUCHE,

PAR L'AUTEUR DE

CRINGLE'S LOG, ou *Aventures d'un Lieutenant de Marine.*

2 vol. in-8. — 15 fr.

RUYSCH,
HISTOIRE HOLLANDAISE,
PAR ROGER DE BEAUVOIR.
1 vol. in-8. — 7 fr. 50 c.

L'Abbé Maurice,
PAR
MADAME C. BODIN (JENNY BASTIDE).
2 vol. in-8. — 15 fr.

UNE
SOIRÉE CHEZ Mme GEOFFRIN,
PAR LA DUCHESSE D'ABRANTÈS.
1 vol. in-8. — 7 fr. 50 c.

LE NOTAIRE
DE CHANTILLY,
PAR LÉON GOZLAN.
2 vol. in-8. — 15 fr.

LES PARASITES,
PAR JULES LACROIX.
2 vol. in-8. — 15 fr.

RÊVERIES DANS LES MONTAGNES,
PAR
MADAME C. BODIN (JENNY BASTIDE).
2 vol. in-8. — 15 fr.

AVENTURES
D'UN
GENTILHOMME PARISIEN,
PAR LORD ELLIS,
2 vol. in-8. — 15 fr.

INÈS DE LAS SIERRAS,
PAR CHARLES NODIER.
1 vol. in-8. — 7 fr. 50 c.

LES SALONS CÉLÈBRES,
PAR MADAME SOPHIE GAY
1 vol. in-8. — 7 fr. 50 c.

ÉLISE ET MARIE.
PAR Mme CAMILLE BODIN.
2 vol. in-8. — 15 fr.

DOVERSTON,
PAR L'AUTEUR DE TREVELYAN,
2 vol. in-8. — 15 fr.

AVENTURES DE VOYAGE,
Par Alphonse Royer.
2 vol. in-8. — 15 fr.

LES PREMIÈRES RIDES,
PAR JULES LACROIX.
2 vol. in-8. — 15 fr.

LA SOEUR DU MAUGRABIN,

PAR P.-L. JACOB (BIBLIOPHILE).

2 vol. in-8. — 15 fr.

Aventures du grand Balzac,

PAR P.-L. JACOB (BIBLIOPHILE).

2 vol. in-8. — 15 fr.

LE CAPITAINE PAUL,

PAR ALEXANDRE DUMAS.

2 vol. in-8. — 15 fr.

L'EXILÉ,

PAR LA DUCHESSE D'ABRANTES.

2 vol. in-8. — 15 fr.

Quinze jours au Sinaï,

PAR ALEX. DUMAS.

2 vol. in-8. — 15 fr.

LOVE,

PAR L'AUTEUR DE TREVELYAN,

2 vol. in-8. — 15 fr.

LA FOLLE VIE,

PAR ALBERT DE CALVIMONT.

2 vol in-8. — 15 fr.

LE JEU DE LA REINE,
PAR LA COMTESSE DASH.
2 vol.—in-8. 15 fr.

PAUVRES FLEURS!
POÉSIES NOUVELLES,
PAR Mme DESBORDES-VALMORE
1 vol. in-8. — 7 fr. 50 c.

PAR ALEXANDRE DUMAS,
2 vol. in-8.—15 fr.

LA FEMME, OU LES SIX AMOURS,
PAR Mme ÉLISE VOIART
6 vol. in-12. — 3e édit.

La Duchesse de Châteauroux,
PAR MADAME SOPHIE GAY.
2 vol. in-8, 2e édit. 15 fr.

JULIETTE,
PAR E.-L. GUÉRIN.
2 vol. in-8.—15 fr.

LE BATARD,
PAR JULES LACROIX.
2 vol. in-8. — 15 fr.

Publications sous presse :

LES TROISIÈME ET QUATRIÈME VOLUMES DES
SCÈNES POPULAIRES,
PAR HENRY MONNIER.

JACOB ORTIS,
Par Alexandre Dumas.

L'ÉGOÏSME OU L'AMOUR,
PAR MADAME E. DE GIRARDIN.

MÉMOIRES D'UN MÉDECIN,
PAR LE DOCTEUR HARRISSON.
4 vol. in-8, *troisième édition.* — 30 fr.

MÉMOIRES D'UN CADET DE FAMILLE,
PAR TRELAWNEY,
AMI ET COMPAGNON DE LORD BYRON.
3 vol. in-8, *quatrième édition.* — 20 fr.

LES NUITS DE LONDRES,
PAR MÉRY.

VIOLETTE,
PAR Mme DESBORDES-VALMORE.

AVENTURES
D'UN
GENTILHOMME ANGLAIS,
PAR LORD ELLIS
2 vol. in-8.

LA
COMTESSE DE SALISBURY,
PAR ALEXANDRE DUMAS.

SCÈNES
DE LA
VIE ORIENTALE,
Par lord Ellis.

SOUVENIRS INTIMES
DU TEMPS DE L'EMPIRE,
PAR E. MARCO DE SAINT-HILAIRE.
2ᵉ SÉRIE.

LOUISE,
PAR Mᵐᵉ LA DUCHESSE D'ABRANTÈS.
2 vol. in-8.

LE CAPITAINE PAMPHYLE,
PAR ALEX. DUMAS.

E. Dépée, Imprimeur, à Sceaux.

Librairie de Dumont.

EN VENTE.

	fr.	cent.
LES FLEURS, poésies, par madame Desbordes Valmore, 1 vol. in-8.	7	50
VIOLETTE, par la même, 2 vol. in-8.	15	»
SOUVENIRS INTIMES DU TEMPS DE L'EMPIRE, par Émile Marco de Saint-Hilaire, 2 vol. in-8.	15	»
NOUVEAUX SOUVENIRS INTIMES DU TEMPS DE L'EMPIRE, par le même, 2 vol in 8.	15	»
CROISIÈRE DE LA MOUCHE, par l'auteur des *Aventures d'un lieutenant de marine*, 2 vol. in-8.	15	»
SOUVENIRS D'UN DEMI-SIÈCLE, par M. Touchard-Lafosse, auteur des *Chroniques de l'OEil-de-Bœuf*, 6 vol. in-8.	45	»
HISTOIRES CAVALIÈRES, par Roger de Beauvoir, 2 vol. in-8.	15	»
LA COMTESSE DE SALISBURY, par Alexandre Dumas, 2 vol, in-8.	15	»
ISABEL DE BAVIÈRE, par le même, 3e édit. 2 vol. in-8.	15	»
SOUVENIRS D'ANTONY, par le même, 3e édit. in-8.	7	50
IMPRESSIONS DE VOYAGE, par le même, 3e édit. 5 vol. in-8.	35	»
PAULINE, par le même, 3e édit. 2 vol. in-8.	15	»
LE CAPITAINE PAUL, par le même, 3e édit. 2 vol. in-8.	15	»
QUINZE JOURS AU SINAÏ, par le même, 2e édit. 2 vol. in-8.	15	»
ACTÉ, par le même, 2e édit. 2 vol. in-8.	15	»
JACQUES ORTIS, par le même, 1 vol. in-8.	7	50
SCÈNES POPULAIRES, par H. Monnier, 2 v. in-8, 4e édit.	15	»
NOUVELLES SCÈNES POPULAIRES, par le même, 2 vol in-8.	15	»
SOUVENIRS D'UN ESCROC DU GRAND MONDE, par lord Ellis, 2 vol. in-8.	15	»
EMMA, par l'auteur de *Trevelyan*, 2 vol. in-8.	15	»
VALDEPEIRAS, par H. Arnaud (Mme Charles Reybaud), 2 v. in-8.	15	»
MELCHIOR, par Madame C. Bodin (Jenny-Bastide) 2 vol. in-8.	15	»
LES TOURELLES, histoire des Châteaux de France, par Léon Gozlan, 2 vol. in-8.	15	»
LE CAPITAINE PAMPHILE, par Alexandre Dumas, 2 v. in-8.	15	»
MARIE DE MANCINI, par Madame Sophie Gay, 2 vol. in-8.	15	»
LOUISE, par la duchesse d'Abrantès, 2 vol. in-8.	15	»
L'ABBESSE DE CASTRO, par Stendhal, 1 vol. in-8.	7	50

SOUS PRESSE :

MAITRE ADAM LE CALABRAIS, par Alexandre Dumas.
L'ÉGOISME OU L'AMOUR, par madame E. de Girardin.
LES NUITS DE LONDRES, par Méry.
LE CHEVALIER de SAINT-GEORGES, par Roger de Beauvoir.
TRIBORD ET BABORD, par Édouard Corbière.
ROBERT MACAIRE EN ORIENT, par Alphonse Royer.
MADEMOISELLE BÉATA, par le même.
LA MAITRESSE ANONYME, par Eugène Scribe.
LES ILOTS DE MARTIN-VAR, par E. Corbière.
LE BANQUIER DE BRISTOL, par Jules Lacroix.
AVENTURES DE JOHN DAVYS, par Alexandre Dumas.
OTHON L'ARCHER, par le même.
LE DERNIER DES GUISE, par Paul de Musset.
HORTENSE, par Alphonse Karr.
CARLO BROSCHI, par Eugène Scribe.
ANAÏS, par Madame C. Bodin.

Sceaux, impr. E. Dépée.

www.ingramcontent.com/pod-product-compliance
Lightning Source LLC
Chambersburg PA
CBHW062010180426
43199CB00034B/2172